Reise durch

MAROKKO

Bilder von

Christian Heeb und Friedrich Köthe

Texte von

Daniela Schetar

Stürtz

INHALT

Vorherige Seite:
*Die Grabmale der Herr-
scher – hier das von
Idriss II in Fès – sind*

*alle prächtig ausgestattet.
Nur die der besten Hand-
werker durften mauern,
schnitzen und formen.*

Unten:
*Viele Restaurants servieren
nicht nur die Delikatessen
marokkanischer Koch-*

*kunst, sondern gewähren
ihren Gästen auch einen
Einblick in die Folklore
der jeweiligen Region.*

Seite 10/11:
*Aït Benhaddou ist einer
der schönsten Ksour des
ganzen Landes. Das
Braun seiner Wehrtürme
und Häuser verschmilzt
mit dem Gestein der
Landschaft und erstrahlt
im Licht der frühen und
späten Sonne.*

MAROKKO –

*In El-Kelaa M'Gouna
werden Damaszener-
rosen gezüchtet und zu
feinsten Ölen und
Wässerchen verarbeitet.
Die Blüten werden in
den frühen Morgen-
stunden geschnitten,
wenn sie sich noch nicht
geöffnet und die über
Nacht gesammelten
Aromen abgegeben
haben. Nach der Ernte
feiern die Menschen im
Rosental dann ein
großes Moussem mit
Gesang, Tanz und einer
Rosenkönigin.*

Nur eine schmale Meerenge trennt den Süden Spaniens von Marokko. Bei gutem Wetter reicht der Blick von dem mächtigen Vorgebirge Andalusiens, dem Felsen von Gibraltar, hinüber bis auf die Küstenlinie Nordafrikas. Autofähren und Ausflugsboote ziehen weiße Schaumbänder durch die silbrige See, beladen mit Touristen, die gespannt und oft auch etwas ängstlich dem Hafen von Tanger entgegenfiebern. Denn obwohl der Austausch zwischen christlichem Abendland und islamischem Maghreb über die Meerenge hinweg jahrhundertelang aufs Intensivste gepflegt wurde, liegen Welten zwischen den Kulturen dies- und jenseits des Mittelmeers.

Jeden Reisenden, der seinen Fuß auf marokkanischen Boden setzt, umfängt diese fremde Welt mit einer unbestimmten Wolke von Düften und Klängen. Schwer hängt ein Potpourri von verschiedensten Gewürzen und Parfüms, von frisch gegerbtem Leder vermengt mit den Ausdünstungen von Tieren über den engen Marktgassen. Wie ein silberner Faden zieht das frische Aroma grüner Minze oder der herbe Geruch einer »kahwa«, des köstlichen arabischen Mokka, durch die Läden des Souk. Geschäftig und lautstark wird gehandelt und gestritten, werden Freunde begrüßt und Kunden gelockt. »Balek, balek« warnen die Eselstreiber, die ihre schwer beladenen Tiere in halsbrecherischem Tempo durch das Menschengewimmel jagen, »allahu akbar« knarzt es aus altersschwachen Lautsprechern von der Spitze der Minarette zur Stunde des Gebets. Ein Chaos oder eine

EINE OASE DER SINNE

»Oase der Sinne«, wie Marokkos Tourismus-
werber ihre Heimat anpreisen? Das westlichste Land Nordafrikas ist wohl beides und
noch vieles mehr. Moderne Badehotels an
feinsandigen Stränden, kühle Gebirgsoasen
inmitten schneebedeckter Gipfel, prunkvolle
Paläste und Moscheen im Schutze mauerum-
gürteter Städte und wehrhafte Lehmburgen
am Rande der flirrenden Wüste – Marokko
verzaubert seine Gäste mit immer neuen
Überraschungen und Bildern, die mit rausch-
haften Farben die Märchen aus Tausend-
undeiner Nacht heraufbeschwören.

Doch unweigerlich haben auch die positi-
ven wie negativen Errungenschaften der
Moderne im Königreich Einzug gehalten:
Schnurgerade Avenuen prägen das Bild
der unter französischer Kolonialherrschaft
erbauten Neustädte, heruntergekommene
Sozialbauviertel und slumähnliche Vororte
umschließen die ehrwürdigen Medinas. Und
dennoch: Die junge Studentin in engen Jeans,
die ihre Hand schützend gegen den »bösen
Blick« erhebt, der gewandte Reiseführer, der
abends in frommer Demut die tagsüber ver-
passten Gebete spricht, oder der Alte, traditionell gekleidet in »djellaba« und »chech«,
der seinen Handel mit Hilfe eines solarbe-
triebenen Taschenrechners abschließt – sie
alle versuchen, Überliefertes zu bewahren
und mit den Erfordernissen der Zukunft in
Einklang zu bringen.

OBJEKT FREMDER BEGEHRLICHKEIT

Lange bevor römische und arabische Kolo-
nisatoren das westlichste Land Nordafrikas
besiedelten, lebten hier Berberstämme als
Ackerbauern und Viehzüchter. Doch schon
im 12. Jahrhundert v. Chr. gründeten phöni-
zische Kaufleute Handelsniederlassungen an
den marokkanischen Küsten. Eintausend
Jahre später streckte die damalige Weltmacht
Rom ihre gierigen Finger nach Marokko aus.
Ihnen folgten die Vandalen, dann Byzantiner,
bis arabische Wüstenkrieger im Jahre 682 für
lange Zeit europäisch-christlichen Ambitio-
nen auf afrikanischem Boden ein jähes Ende
setzten: Die Eroberung des Landes durch die
Reiterheere unter dem Feldherrn Oqba ibn
Nafi war das einschneidendste Ereignis der
marokkanischen Geschichte. Es brachte als
mächtige Religion den Islam und als neue
Sprache das Arabische an die Nordwestküste
Afrikas.

Erg Chebbi ist der Einstieg in die grandiose Wüstenlandschaft des Südens. Der strahlend blaue Himmel und das Gelb und Rosa des Sandes geben immer wieder eine beliebte Filmkulisse ab. Die Schauspieler warten auf das Kommando zum Angriff auf Jean-Claude van Damme – den »Legionär«.

Die Berber, dieses wehrhafte und in sich doch so uneinige Volk, haben lange Zeit Widerstand gegen jede neue Fremdherrschaft geleistet. Das Hinterland und die Gebirgsregionen des Atlas haben weder Römer noch Byzantiner befrieden können. Ihre Städte und Handelsniederlassungen gründeten sie nur an den Küsten des Mittelmeers und des Atlantik oder im fruchtbaren Becken westlich des Mittleren Atlas, wo zwischen Fès und Meknès noch heute die Ruinen von Tempelanlagen und Villen vom einstigen Wohlstand der römischen Patrizier künden.

Auch Oqba ibn Nafis Eroberungsversuche scheiterten zunächst an der Gegenwehr der Ureinwohner. Doch nach dem Sieg der Araber übernahmen die Berber den Islam erstaunlich schnell und schlossen sich mit Feuereifer dem muslimischen Heer an, das zur Eroberung des christlichen Europa über die Straße von Gibraltar setzte.

BERBERKRIEGER UND DYNASTIEN

Die erste große islamische Dynastie Marokkos, die Idrissiden, begründete Moulay Idriss I (788–804), ein direkter Nachfahre des Propheten Mohammed. Doch der legendäre Kalif Harun al-Raschid im fernen Bagdad ließ ihn aus Furcht vor Konkurrenz ermorden. Das Grabmal des Moulay Idriss im gleichnamigen Wallfahrtsort unweit von Meknès gilt heute als das bedeutendste religiöse Heiligtum Marokkos.

Eine neue Reichseinigung sollte erst den Almoraviden im 11. Jahrhundert wieder gelingen. 1062 gründeten sie Marrakesch und machten es zur Hauptstadt ihres Großreiches, das auch Mauretanien und das südliche Spanien einschloss. In Architektur und Dekor der almoravidischen Moscheen, Medresen und Paläste verschmolzen traditionelle Bauelemente des islamischen Nordafrika mit andalusischen Einflüssen. Fassaden und Räume wurden üppig mit geometrischen Ornamenten und floralen Motiven dekoriert, in Stein, Gips oder auf lasierten Kacheln. Seinen Höhepunkt erreichte der hispano-maurische Baustil unter den Almohaden (1130–1213). Abd el-Mumen, ihr bedeutendster Herrscher, ließ die Koutoubia-Moschee in Marrakesch errichten, seine Nachfolger bauten Rabat zur neuen Hauptstadt aus und schmückten Sevilla mit einem Gotteshaus. Sein berühmtes Minarett, die Giralda, steht noch heute als Zeugnis der einst glanzvollen islamischen Herrschaft in Andalusien.

Seit den Almoraviden kamen fast alle neuen Dynastien Marokkos aus dem Süden. Sie entstammten Berbervölkern aus dem Atlas oder der Weite der Sahara, deren kriegerische Eliten in den klosterähnlichen Wehrburgen, den »ribat«, ein gottgefälliges Leben führten. Im Namen des wahren Islam wetterten sie gegen das Ketzertum der Städter, lehnten sich gegen die Macht der »verweichlichten« Herrscher auf und vertrieben sie schließlich, um dann selbst binnen kurzem dem luxuriösen Lebensstil zu verfallen. So wechselten in Marokko Epochen politischer Ruhe und des Wohlstands mit Chaos und Umsturzversuchen, Zeiten friedlicher Bautätigkeit und kultureller Blüte mit Phasen der Zerstörung. 1492 verloren die Meriniden ihre letzte Bastion in Andalusien, das Kalifat von Granada. Vor der Rückeroberung Spaniens durch die christlichen Heere flüchten Muslime und Juden nach Nordafrika. Viele angesehene Künstler und Wissenschaftler jener Zeit wählten Marokko zur neuen Heimat. Mitte des 17. Jahrhunderts schwangen sich mit den Alaouiten erneut direkte Nachfahren Mohammeds zur Herrschaft über Marokko auf. Sie kamen aus dem südmarokkanischen Tafilalet. Ihnen gelang, was ihren Vorgängern versagt blieb. Sie überstanden Berberaufstände und die französische Kolonialherrschaft (1911–1956) und stellen seit nunmehr knapp 350 Jahren die Königsfamilie Marokkos. Seit 1961 wird das Land von Hassan II. als konstitutionelle Monarchie regiert.

*Taroudannt liegt zu
Füßen des Hohen Atlas.
Die Bergbewohner kom-
men hierher, um Markt
zu halten, ihre Waren
feilzubieten, Lebensnot-
wendiges zu besorgen
und dann wieder in ihre
weit entfernten Dörfer
zu ziehen.*

Das koloniale Zeitalter unter Frankreichs
und Spaniens Ägide hat Marokko manchen
Fortschritt wie Straßen und Eisenbahn ge-
bracht. Es bescherte ihm aber auch ein Pro-
blem, das bis heute nicht gelöst werden konnte:
den Konflikt um die Spanische Sahara, einen
Wüstenstreifen, der bis Mitte der siebziger
Jahre unter spanischer Verwaltung stand. Als
Spanien 1975 auf seine Kolonie verzichtete,
besetzten die Truppen des Königreiches die
trostlose Einöde, weil man dort reiche Bodenschätze vermutete. Die Bewohner der
Spanischen Sahara, die Sahraouis, fordern
jedoch politische Unabhängigkeit für ihre
Heimat. Seit Jahren führen sie einen erbitter-
ten Guerillakrieg gegen die marokkanische
Militärpräsenz.

DIE KÖNIGSSTÄDTE

Die Königsstädte Fès, Meknès, Rabat und
Marrakesch sind von ehrwürdigem Alter
und haben stoisch das Ping-Pong-Spiel der
Dynastiewechsel überstanden. Fès, die älteste,
ist die Stadt der Medresen und Moscheen, in
denen sich Religionsgelehrte dem Studium
des Koran und seinen Auslegungen widmen.
Die Fassi, die Einwohner von Fès, sind im
übrigen Marokko nicht besonders beliebt.
Sie gelten als außerordentlich geschäftstüch-
tig und als mindestens ebenso hochnäsig –
kein Marokkaner, der nicht einige Fassi-Wit-
ze zum Besten geben könnte.

Das nahe Meknès verdankt seinen Auf-
stieg zur Residenz dem Größenwahn von
Moulay Ismail, der sich gerne als marokkanische Version Ludwigs XIV. sah. 1672 ließ

er eine neue Königsstadt aus dem Boden stampfen. Doch nicht nur des Prunkes wegen ist Meknès sehenswert; seine übersichtliche, aber deshalb nicht weniger malerische Medina bietet Orient-Neulingen einen angenehmen »Einsteigerkurs« in Sachen arabische Altstadt.

Rabat, die Dritte im königlichen Bunde und Marokkos Hauptstadt, liegt 126 gebirgige Kilometer entfernt beidseits der Flussmündung des Bou Regreg am Atlantik. Hier sollte im 12. Jahrhundert die größte Moschee Nordafrikas entstehen, doch die Bauarbeiten wurden nie beendet. Heute lassen ein Heer von Säulenstümpfen und der wuchtige Quader des Hassan-Turmes die gigantischen Ausmaße nur erahnen.

Umgeben von fruchtbaren Palmengärten und von sandroten Mauern umgürtet, kann Marrakesch, die vierte Königsstadt, ihre saharische Herkunft kaum verleugnen. Die Menschen sind strenger, würdevoller als in den lieblichen Tälern um Rabat, Meknès und Fès; ihre Haut ist häufig dunkler und erinnert an Zeiten, in denen Sklaven aus Schwarzafrika auf Marrakeschs Märkten gehandelt wurden. Mittelpunkt der Stadt ist die Djemaa el-Fna, ein großer Platz am Eingang zur Medina. Täglich wird hier ein Schauspiel aufgeführt, das einer jahrhundertealten Choreographie folgt. Noch vor Morgengrauen hebt sich der Vorhang der Ouvertüre: Schwer mit Obst, Gemüse und Getreide beladene Mulis trotten auf den Platz. Die Frommen verrichten ihr Morgengebet; die Fleißigen breiten ihre Waren auf wackeligen Holztischen aus oder schichten sie zu kunstvollen Pyramiden aufeinander. Schon bald finden sich immer mehr Kunden ein; eine Wolke aus Staub, aufgeregtem Feilschen und den Lockrufen der Verkäufer hängt über dem Markt.

Mittags, wenn die Glut der Sonne das geschäftige Treiben beendet, wird es stiller an der Djemaa el-Fna, aber nur für kurze Zeit, bis der Schlussakkord des Spektakels mit einem Schwall von Gauklern, Geschichtenerzählern, Akrobaten und Schlangenbeschwörern über den Platz hereinbricht. Zugegeben, heute werden viele dieser alten Traditionen nur der Besucher wegen wachgehalten, doch noch immer umfängt diese Kakophonie aus Beschwörungen, Märchen, schrillem Geflöte und dumpfen Trommeln die Djemaa el-Fna mit dem Zauber von Marokkos tausendjähriger Geschichte.

Östlich von Tanger wird die Landschaft zunehmend unzugänglich, die Straßen schmaler und holpriger. Nur noch wenige Reisende findet man auf der Strecke an der Küste entlang, an Kap Malabata vorbei, Richtung der spanischen Enklave Ceuta. Doch hat die Gegend ihren ganz eigenen Reiz mit unbekannten Buchten, klarem Wasser und immer wieder dem Ausblick auf den europäischen Kontinent.

DIE URBEVÖLKERUNG MAROKKOS

Marokko ist das einzige Land Nordafrikas, in dem mit etwa acht Millionen noch eine nennenswerte Zahl von Berbern lebt. Die Invasion der arabischen Stämme hat die Urbevölkerung des Maghreb aus den fruchtbaren Landstrichen verdrängt. Viele Stämme verbündeten und verschwägerten sich aber auch mit ihren Eroberern und übernahmen deren Sprache und Religion, wenngleich die alten berberischen Bräuche unter dem Deckmantel des Islam weiterlebten. Die meisten nicht arabisierten Berber leben in den Gebirgs- und Wüstenregionen Marokkos abseits der städtischen Zentren, unterteilt in unzählige Familienverbände mit ganz unterschiedlichen Traditionen. Sich einem familienübergreifenden Verband zugehörig zu fühlen, ist den Berbern fremd. Kein Wunder also, dass es Eroberer im Berberland recht einfach hatten, die untereinander zerstrittenen Grüppchen zu unterwerfen. Später jedoch bissen sie sich am Widerspruchsgeist der Berber die Zähne aus.

LEBEN UNTER DEM BANNER DES ISLAM

Marokkos Religion ist der Islam, der im 7. Jahrhundert von dem Propheten Mohammed in Mekka im heutigen Saudi-Arabien begründet wurde. Die Glaubenssätze des Koran erlegen den Gläubigen fünf Grundpflichten auf: das Gebet, die Wallfahrt nach Mekka, das Fasten im Monat Ramadan, die Pflicht, Almosen zu geben, und das Bekenntnis zu Allah als dem einzigen Gott. Fünfmal am Tag rufen die Muezzins von den Minaretten der Moscheen die Muslime zum

Gebet. Dann eilen die Gläubigen zum Gotteshaus oder breiten ihren Gebetsteppich auf der Straße, an der Arbeitsstelle oder zu Hause aus, um die vorgeschriebenen Gebete gen Mekka gewandt zu vollziehen. Doch die Gesetze des Islam mit dem modernen Leben zu verbinden, sorgt oft genug für Konflikte: Die strengen Fastenregeln des Ramadan lähmen die Menschen und damit die Wirtschaft des Landes, das islamische Recht mit seinen drakonischen Strafen ist mit der Zivilgesetzgebung eines aufgeklärten Staates kaum vereinbar, die patriarchale Gesellschaftsordnung der Religion verträgt sich schlecht mit den Forderungen nach der Gleichberechtigung der Geschlechter.

Ursprünglich glaubten die Berber an die segnende oder zerstörerische Kraft der Natur. Quellen galten als heilige Stätten, an denen geopfert wurde, Steine oder Bäume wurden als Wohnsitz von Geistern angesehen. Einige dieser Glaubenselemente fanden im Islam ihre Entsprechung – auch der Koran spricht von guten und bösen Geistern. Allgegenwärtig ist die Angst vor dem bösen Blick, der Menschen verhexen oder krankmachen kann. Silber- und Lederamulette, in denen magische Kräuter ihre Kraft verströmen, sowie Tätowierungen und Henna im Gesicht und an der Handfläche sollen dagegen helfen.

DAS LAND, WO DIE ORANGEN REIFEN

Der knorrige Olivenbaum und die elegante Dattelpalme, unter deren Palmwedeln Obst- und Gemüsekulturen vor der sengenden Wüstensonne geschützt gedeihen können, sind die ältesten Kulturpflanzen des Landes. Dennoch erbringen nicht Oliven und Datteln, sondern Getreide- und Obstkulturen den Löwenanteil der marokkanischen Landwirtschaft, die etwa die Hälfte aller Marokkaner ernährt.

Marokkos wichtigstes Exportgut ist allerdings das »geliehene« Phosphat – geliehen, weil die größten Phosphatvorkommen in der annektierten Spanischen Sahara liegen. Kein Wunder also, dass das Königreich sich heftig gegen die UN-Pläne wehrt, den Sahraouis die Selbstbestimmung über ihre Heimat zurückzugeben. Marokko, das seine Inflationsrate mühsam bei 5,5 Prozent stabilisiert hat und mit einem (offiziellen) Anteil von 20 Prozent Arbeitslosen leben muss, kann

Für viele traditionelle Handwerker ist es schwierig, Nachwuchs zu finden; einige Künste werden aber auch in Zukunft unverzichtbar sein, und dazu gehört die Fähigkeit, die marokkanischen Schuhe »babouches« zu fertigen.

Auch wenn heute die meisten Männer auf der Straße inzwischen westlich geprägte Schuhe am Fuß tragen, schlüpfen sie zu Hause in die bequemeren Schlappen aus fein gegerbtem und in den unterschiedlichsten Farben gefärbtem Leder.

auf diesen gewinnbringenden Industriezweig nicht verzichten, ohne dass seine Wirtschaft Schaden erleidet und ein weiteres Heer beschäftigungsloser Männer Arbeit im nahen Europa suchen muss.

Hoffnungen auf eine bessere wirtschaftliche Zukunft macht allenfalls die stetig wachsende Zahl von Reisenden, die Marokko von Spanien her oder über den Charterflughafen Agadir ansteuern. Reisende auf der Suche nach dem malerischen, archaischen Marokko flüchten jedoch schon bald aus den Hotelzonen ins Landesinnere, wo die Wüste an den Fundamenten mauerbewehrter Städte und Lehmburgen schleift, wo Handwerker und Kaufleute seit Jahrhunderten im Dämmerlicht verwinkelter Medinas ihrem Beruf nachgehen, wo Nomaden und Bauern auf Wochenmärkten um Vieh und Getreide feilschen – wie ihre Väter und deren Väter davor.

Seite 24/25:
Marokko besitzt eine wunderbare Einrichtung: Restaurants, in denen man sich nicht als zahlender Gast fühlt, sondern als Freund, der willkommen geheißen und mit allen nur erdenklichen Genüssen bewirtet wird. Zurückgelehnt auf dem Diwan wird man Stunde um Stunde speisen und trinken, den Gesängen und den Instrumenten lauschen und sich an der exquisiten Ausstattung dieser Restaurants erfreuen.

Seite 22/23:
Wenn es beginnt, dunkel zu werden, füllt sich die Place Djemaa el-Fna in Marrakesch, der »Platz der Gaukler«. Wahrsager, Erzähler, Schlangenbeschwörer, Wasserverkäufer, Tierzähmer und Zauberer entfalten ihre Künste. Wer hier nichts über seine Zukunft wissen will, ist selber schuld.

DER NORDEN –

Die Altstadt von Fès liegt in einem Talkessel, umgeben von Höhen, von denen sich die schönsten Ausblicke bieten – hier von den Mereniden-Gräbern. Je nach Sonnenstand erscheint das Puzzlewerk aus Dachterrassen und Minaretttürmen in einem immer neuen, anderen Licht: in warmen Rosé- und Rottönen am frühen Abend, neongrün leuchtend des Nachts und in blassem Pastell am frühen Morgen.

Das nördliche Marokko ist geprägt von den Gebirgszügen des Rif und des Mittleren Atlas, die zusammen das weite, fruchtbare Becken der Meseta vor rauen klimatischen Strömungen schützen: In diesem Becken wurde bereits in vorrömischen Zeiten gesiedelt und Landwirtschaft betrieben; hier gründete Moulay Idriss seine erste Kapitale, hier entstanden mit Fès und Meknès die beiden mächtigsten Königs- und Handelsstädte des Nordens und hier werden Obst, Gemüse, Weizen und Wein gezogen. Im Norden säumt eine mediterrane, von Felsbuchten und weiten Sandstränden geprägte Küste den Fuß der steilen Rif-Berge; nach Westen zu endet die Meseta an der Atlantikküste, deren Städte beständig von Spaniern, Portugiesen und arabischen Freibeutern bedroht und besetzt waren und deren Architektur in vielem an die europäische Tradition erinnert. Flache Strände und hohe Sperrriegel aus angewehten Sanddünen sind charakteristisch für die Atlantikküste; häufig fällt in den Vormittagsstunden Nebel ein, und vielerorts sind die Strömungen so unberechenbar, dass sie Schwimmer wie Boote bedrohen.

Früher residierten die Sultane und Paschas in Fès oder Marrakesch, heute ist die wirtschaftliche wie politische Macht am Atlantik konzentriert: Die wichtigsten ökonomischen Betriebe sitzen in Casablanca während König und Minister in Rabat regieren. In Häfen wie Safi und Essaouira spielt der Fischfang eine bedeutende Rolle, Agadir, ebenfalls ein traditionelles Zentrum der Küstenfischer, ist Marokkos bedeutendstes Badeparadies und Ausgangspunkt für Entdeckungsfahrten: Das dicht bewaldete und von Wasserfällen benetzte Bergland der Ida Outanane ist nur eine knappe Stunde entfernt; die mit unüberwindbaren Mauern gesicherten Städte Essaouira und El-Jadida in Tagesausflügen erreichbar und landeinwärts locken die alten Handels- und Handwerksmetropolen Taroudannt, Tiznit und Marrakesch.

Oben:

Die Straße von Gibraltar war in vielen Kriegen heiß umkämpft, denn sie ist ein Nadelöhr, das den Zugang zum Mittelmeer bewacht. Die Engländer erkannten die Schlüsselposition beizeiten, und seit Jahrhunderten gehört der Felsen von Gibraltar auf der anderen Seite nun zu Großbritannien – sehr zum Ärgernis der Spanier.

Rechts:

Portugiesen, Spanier und Mauren wechselten sich bei der Befestigung der marokkanischen Küsten immer wieder ab. Viele der Forts sind heute noch in einem erstklassigen Zustand, doch gibt es auch einige an denen der Zahn der Zeit genagt hat und deren Mauern nun verfallen sind.

Links:
Die Straße von Gibraltar gehört zu den am dichtest befahrenen Wasserstraßen der Welt. Stündlich verkehren Fähren zwischen den beiden Kontinenten und schaffen Urlauber und viele in Europa tätige Gastarbeiter nordafrikanischen Ursprungs hin und her.

Unten:
Tanger lässt die Phantasie aufblühen: das Einfallstor Afrikas, der Anfangspunkt für die Expeditionen des 17. und 18. Jahrhunderts in die Tiefen der Wüste, Mädchenhandel, Rausch gift, enge Gassen, finstere Ecken, torkelnde Matrosen und leichte Mädchen. Heute ist Tanger eine ganz normale Stadt.

Tangers Lage am Eingang der Straße von Gibraltar ist einzigartig; wie Bauklötzchen stapeln sich die Häuser vom Meer hoch zu den Bergen. Dort wo Mittelmeer und Atlantik sich austauschen, herrschen starke Strömungen, die für Wassersportler gefährlich sein können.

Vor der Hitze des Tages flüchtet die Männerwelt in die Cafés von Tanger, wo man im lauen Luftzug eines offenen Fensters den Nachmittag bei Kaffee oder Tee und einem Kartenspiel verdöst. Erst wenn die Sonne sich dem Horizont nähert und die länger werdenden Schatten auch in den Gassen Kühlung versprechen, wird man sich wieder aufmachen.

Unten:
Die Atlantikküste hat neben sauberen weiß-blauen Städtchen auch einiges an Sehenswürdig-keiten zu bieten: In Larache beherrscht das Bab el-Khemis (Donners-tagstor) den Place de la Libération.

Rechts:
Als Spanien noch Protek-toratsmacht im Norden Marokkos war, bezeich-neten die Caudillos Larache als wichtigsten Hafen des spanischen Afrika. Viele Häuser haben einen freien Blick auf den Atlantik und auf ein- und auslaufende Schiffe; so konnten die Handelsherren beizeiten ihre ersehnten Schiffe ausmachen.

Oben rechts:
Asilah ist die Stadt, die als Wegbereiter der Graf-fiti-Kunst gelten kann. Die Kunstwerke an dem weißen Mauerwerk sind von Künstlern auf Geheiß der Stadtväter ange-bracht worden. So kann man nun durch ein Frei-luftmuseum wandeln und hier und dort ver-weilen.

Rechts:
Im Norden Marokkos ist nicht wie sonst überall das Französische, sondern das Spanische die zweite Verkehrssprache. Der einst von den Portugiesen er-richtete und von den Spaniern ausgebaute Eckturm der Stadtmauer ist immer noch der zen-trale Eingang zur Altstadt von Asilah.

Die Moschee Hassan II in Casablanca, eingeweiht 1993, ist ein Bau der Superlative und kostete 800 Millionen Euro. Nur auserwählte Handwerker (immerhin 35 000) arbeiteten vier Jahre an und in ihr. Finanziert mit Spenden ist sie so gewaltig, dass der Einsatz der Klimaanlage zu teuer und der Unterhalt des integrierten Hammam (Dampfbad) zu aufwändig ist. Die Moschee ist eines der wenigen muslimischen Bauwerke, das im Rahmen von Führungen auch von Nicht-Muslimen besucht werden kann.

Rechte Seite:
Die Gebetshalle der Moschee Hassan II ist 65 Meter hoch und die Decke tragen 2500 Säulen. 20 000 Menschen finden darin Platz. 175 Meter hoch ist das Minarett, von dessen Spitze des nachts ein Laserstrahl den Betenden die korrekte Richtung nach Mekka weist. Nur bestes Material wurde verwendet, meist heimischer Provenienz – Marmor aus Agadir, Zedernholz des Mittleren Atlas und Granit aus Tafraoute. Das Ergebnis ist äußerst beeindruckend und wahrlich ein Denkmal für den Initiator, König Hassan II.

Wasserverkäufer findet man fast überall, wie hier an der Place Mohammed V in Casablanca. Sie leben nicht mehr vom Verkauf einer Erfrischung, sondern vom pittoresken Äußeren ihrer selbst: Jedes Abbild muss bezahlt werden, die Höhe des Fotopreises bestimmt sich nach Verhandlungsgeschick.

Am Boulevard Victor Hugo von Casablanca ist das Gebäude Mahakma du Pacha zu finden, das nach den Plänen eines Franzosen im andalusisch-maurischen Stil 1941 entstand, heute als Kleinod gilt und gerne als Alhambra von Casablanca bezeichnet wird.

Rechte Seite:
Die Mahakma du Pacha besitzt eine Vielzahl an Innenhöfen und über 60 reich dekorierte Säle, zu deren Ausstattung hervorragende marokkanische Handwerker herangezogen wurden, die alle Register zogen. So sind edelste Fayencen, ausgeklügelte Stuckarbeiten und feinstes Schnitzwerk zu finden.

Papierdünn geschnittene Orangenscheiben, elegant angerichtet und mit Zimt bepudert – wen würde nicht nach einem heißen Tag im Souk diese Erfrischung begeistern, die die Lebensgeister wieder erweckt und den Abend einläutet, oder als Abschluss eines Mahles den Magen beschließt und nicht beschwert. So einfach sind die Zutaten, so billig das Rezept und so gewaltig die Wirkung: Orangen und Zimt, damit definiert sich die Küche Marokkos auf das Schönste.

Nicht Kapriolen sind gefragt, nicht komplizierte Labung aus 1001 Nacht, nicht sich kaprizierende Köche hinterm Herd. Die Ingredienzen der marokkanischen Küche kommen aus dem und von dem Land: Obst, Gemüse, Salate, Geflügel und eine Unmenge an Gewürzen wie Kreuzkümmel, Rosenwasser, Macisblüte (von der Muskatnuss) oder Kurkuma, die europäischen Zungen so exotisch und fremd vorkommen, den Marokkanern aber an den kleinen Ständen des Souk nach Kilo und Liter verkauft werden. Aber auch uns bekannte Zutaten wie Petersilie, Oliven und deren Öl, Pfeffer und Ingwer sind in den Gefäßen am Herd zu finden.

Einfach wird den Gästen das Speisen gemacht: Sie müssen nicht herumstochern oder teilen, tranchieren, gar auseinanderreißen. Das Gericht wird perfekt vorbereitet,

Links oben:
Zu jedem marokkanischen Mahl gehört die Patisserie, die kleinen Süßigkeiten, um das Mahl zu beschließen. Hauptzutaten sind Honig, Mandeln, Mehl, Öl und Rosenwasser.

Links:
Tee ist kein Getränk, sondern eine Zeremonie, deren Inszenierung jeder Gast würdigen sollte, wenn ihm das köstlich duftende, dampfende Getränk in winzigen Gläsern gereicht wird.

Oben:
Eines der typischen Kochutensilien ist das Tongeschirr mit Deckel, in dem die Tajine zubereitet wird, eine Art gedünsteter Eintopf.

Rechts oben:
Couscous ist einer der Dauerbrenner auf dem Tisch, angereichert mit Gemüse, Fleisch und viel Sauce. Traditionell wird es gemeinsam aus einer Schüssel genossen.

TAUSEND GENÜSSE

Paprikas entkernt, von der Haut befreit, das Hühnchen und die Taube entbeint, viele Gemüse in mundgerechten Teilen serviert. Klößchen (kefta) aus Rind, Lamm oder Huhn finden ihren Weg auf die Teller, kleine Spieße mit köstlich gewürztem Fleisch besteckt (brochettes) werden über Holzkohle gebraten und in einem Fladenbrot versteckt, Eintöpfe in einem seltsam anmutendem Tongefäß mit seinem spitzen Deckel gegart – das Ergebnis ist die »tajine«. Pasteten mit Taubenfleisch (oder mit Huhn) kommen als Hauptgericht mit Zimt verfeinert aus der Küche. Reis, Bohnen, Getreide bilden die »Sättigungsbeilage«, doch sind sie so fein mit Gewürzen abgestimmt, so auf den Punkt genau gegart, dass sie schon für sich alleine ein Erlebnis darstellen.

COUSCOUS – EINE KÖSTLICHKEIT

Couscous scheint in den Herzen der Europäer der Inbegriff maghrebinischer Kochkunst zu sein – falsch! Weit darüber hinaus weisen die Fähigkeiten der »chefs de cuisine«. Was nicht heißt, dass man in Marokko kein Couscous zuzubereiten verstünde – Couscous ist eines der Rückgrate der täglichen, familiären Mahlzeiten. Aus Hartweizengries lassen Frauenhände unter Beimengung von Mehl und Salzwasser die typischen kleinen Körnchen entstehen, die getrocknet und schließlich in einem Sieb über dampfendem Wasser gegart werden. Doch das Couscous wird erst durch Weiterbehandlung zur Köstlichkeit, durch Verfeinerung zum Beispiel mit gereifter Butter (sie wird mit Origanon geklärt und einige Wochen gelagert), dazu kommt Brühe, um das Getreide saftig zu machen und obenauf Gemüse und Fleisch je nach Geschmack. Gesellig speist man gemeinsam von einer großen Platte.

Und natürlich Fisch! Vergessen Sie das Mittelmeer! Auf den Atlantik fahren die Fischer und kehren mit reicher Beute heim. Austern, Seespinnen, Krabben, Hummer und alle nur erdenklichen Fischarten des Ozeans. Und am besten schmecken sie direkt am Hafen an den kleinen Ständen der Fischerfamilien, die den Fang aus dem Boot heraus auf den Grill bringen, nur Brot und Gewürze dazu und ein Glas Wein – so sollen die Früchte des Meeres ihren Weg in den Magen finden.

Am Hafen lässt sich gut speisen, doch auch die Ess-Paläste sind nicht zu verachten. Marokko besitzt eine zunehmende Anzahl an Palastrestaurants, in denen man »à la discretion« tafelt, Anmeldung zwingend erforderlich. Um 20 Uhr fängt es mit einem Apéritiv an, dann werden zeremoniell die Hände in Rosenwasser gewaschen und schließlich kommen die Mahlzeiten in einer unendlichen Kette auf den Tisch, dienstbare Geister schenken den Wein nach, Flöte und Saiteninstrument begleiten das Dinner bis es um Mitternacht schließlich sein Ende findet.

Rechts Mitte:
Die marokkanische Küche kennt eine Vielzahl von Gemüse- und Salatgerichten wie hier die Auberginen, die mit Gewürzen und Öl zu einem Salat zusammenfinden.

Rechts unten:
Ein weiterer Salat besteht aus Paprika, Tomaten, Knoblauch und Oliven und kann sehr scharf gewürzt sein. Von Brot und einem Glas Wein begleitet ist er eine vorzügliche Vorspeise.

Seite 40/41:

Die Zisterne von El-Jadida ist portugiesischen Ursprungs und geht auf das Jahr 1541 zurück. Das 33 mal 34 Meter messende und von 25 Säulen getragene unterirdische Bauwerk diente der Wasserspeicherung – was für eine Verschwendung an Baukunst mag man denken.

Zu portugiesischen Zeiten war El-Jadida eine wichtige Zwischenstation der Handelsschiffe auf ihrem Weg nach Indien. Deshalb bauten die portugiesischen Besatzer den Ort zu einer Festung aus und hielten die Stadt von 1509 bis 1769, unbeschadet der Angriffe von Mauren, Berbern und Piraten.

Moulay Bousselham ist ein verträumter kleiner Ort südlich von Larache an einer Lagune. Diese ist ein beliebter Treffpunkt für Ornithologen, die auf dem flachen Wasser allerlei seltene gefiederte Freunde treffen. Zu den größeren dort Halt machenden Vögeln gehören ganze Schwärme von Flamingos.

Erst portugiesisch, doch schon 1541 von Sultan Mohammed ech-Cheikh befreit, hat sich Safi zunächst zu einem wichtigen Handelshafen am Atlantik entwickelt. Heute nicht mehr ganz so bedeutend, reizt doch die portugiesische Festung und die wunderschönen Arbeiten der Töpfer. Denn Safi ist eines der Zentren der kunstfertigen Handhabung der Drehscheibe. Im Töpferviertel ragen allerorten die dünnen Rauchsäulen der Brennöfen in den blauen Himmel.

Ceuta ist neben Melilla die letzte verbliebene spanische Enklave auf dem afrikanischen Kontinent; und so wie Gibraltar den Spaniern ein piekender Stachel, sind diese Enklaven den Marokkanern unangenehm. Doch bislang haben die immer wieder anberaumten Gespräche zu keinem für beide Seiten genehmen Ergebnis geführt.

43

Unten:

*Marina Smir ist ein ele-
gantes Seebad zwischen
Ceuta und Tetouan.
Die Strände sind weiß,
breit und lang, das Meer
türkis, sauber und warm
und das Hinterland
des Rif-Gebirges lädt zu
Ausflügen ein.*

Rechts:

*Nordafrika ist ein bei
Störchen beliebtes Über-
winterungsziel. Wenn in
Europa Schnee und Eis
herrschen, die Herbst-
stürme über die Lande
toben, ruht sich Meister
Adebar in den linden
Lüften am Cabo Negro aus.*

Oben rechts:

*Chechaouen gehört zu den
Städten mit spanischer
Vergangenheit. Festungen,
Bürgerhäuser und Paläste
zeugen allerorten davon –
aber auch kleine Gärten
und Parks, in denen einst*

*die Senoras der spanischen
Granden wandelten und
warteten, dass ihre Gatten
von den wichtigen
Geschäften heimkehrten.*

Rechts:

*Noch 1920 war es Nicht-
Muslimen streng verboten
einen Fuß in die Stadt
Chechaouen zu setzen –
sie war den aus Spanien
vertriebenen hier
siedelnden andalusischen*

*Mauren heilig. Heute
dürfen Ungläubige hin-
ein und den quirligen
Ort besichtigen, in dem
sich die Bewohner des
südlichen Rif-Gebirges
zum Markt treffen.*

Unten:

Das von Berbern bewohnte Rif-Gebirge ist ein sehr fruchtbarer Landstrich und wird seit alters her intensiv landwirtschaftlich genutzt. Viele Bauern pflanzen heute lieber Haschisch an, als mit Weizen oder Hirse ihr mageres Einkommen zu bestreiten.

Rechts:

Die Küstenstriche am Mittelmeer sind verkehrstechnisch durch das Rif-Gebirge vom Inland getrennt und deshalb nur schwer zugänglich. Wer die Fahrt auf den schlechten Straßen und Pisten wagt, wird mit einsamen und herrlichen Stränden belohnt.

Rechts:

Allerorten sind die weiß gekalkten Marabouts, die Grab- und Gedenkstätten für die heiligen Männer, zu finden, die sich malerisch von den unendlich variantenreichen Brauntönen der Umgebung abheben – und vom Blau des Meeres wie hier bei Safi.

Links oben:
Noch besuchen nicht viele
Reisende das Rif, deshalb
lockt jede Fahrpause
Kinder an, die die frem-
den Wesen genau, aber

mit vorsichtigem Abstand
beäugen. Betteleien um
Bonbons, Kugelschreiber
oder Geld sind hier noch
kaum bekannt.

Links Mitte:
Verheiratete Berberfrauen
gehen im Rif-Gebirge
meist unverschleiert.
Jedes Berbervolk hat

seine eigene Tracht, die sich in der Farbe des Rockes aber auch in der Art der Kopfbedeckung ausdrückt.

Links unten:
Immer noch ist die Haltung von Kleinvieh einer der Haupterwerbszweige der Gebirgsbewohner.

Schafe und Ziegen finden auch an den kargen Hängen des Rif-Gebirges noch Nahrung.

Unten:
Unwegsam ist das Rif-Gebirge – abgesehen von der west-östlich verlaufenden Straße zwischen Tetouan und Al Hoceima. So unzugänglich, dass die Staatsgewalt die Rif-Bewohner bis in die jüngste Zeit sich selbst überließ und sich damit eines der größten Haschisch-Anbaugebiete Nordafrikas herausbilden konnte. Doch heute wird intensiv gegen den Anbau vorgegangen, und die Kontrollen an den Ausgängen des Rif sind streng.

Nordafrika war die Kornkammer des römischen Imperiums und die Bewohner – zumindest die Landbesitzer – konnten sich einen Luxus leisten, der selbst in Rom sprichwörtlich war. Volubilis bei Meknès ist die größte Ausgrabungsstätte auf marokkanischem Boden.

Die römischen Herrschaften in Volubilis leisteten sich feinste Mosaike wie hier eine Szene mit Meeresgetier. Ausgezeichnete Künstler kamen aus dem Mutterland und fanden auf nordafrikanischem Boden die Steine, die zur Erstellung der schönsten Arbeiten notwendig waren.

Der Triumphbogen des
Kaisers Caracalla steht
im Mittelpunkt von
Volubilis an der Kreuzung
von Cardo Maximus und
Decumanus Maximus. Er
stammt aus den Jahren
um 217, wurde 1933
restauriert und erinnert
an den ermordeten Kaiser
(Regierungszeit 211–217).

Das »Haus des Orpheus«
schmückt im Peristyl ein
fein gearbeitetes Mosaik:
Der blinde Sänger ist um-
geben von den Tieren der
Wildnis, wie sie damals
Nordafrika bevölkerten.

Rechts:
In Rhafsai im Rif-Gebirge 14 Kilometer nördlich von Ourtzarh findet jedes Jahr im Dezember ein im ganzen Land bekanntes Dattelfest statt.

Unten:
Hoch oben vom Kamm des Rif lässt sich in der Ferne das Meer erspähen. Die Berge können im Hochsommer eine willkommene Abwechslung zum stickig-heißen Klima am Wasser bedeuten.

Oben:
Einfach, aber stabil sind
die Häuser im Rif-Gebirge
gebaut, um den Wetter-
unbillen im Winter zu
trotzen.

Links:
Bei Al Hoceima wird das
Wasser aus den Bergen
herangeleitet. Am Dorf-
brunnen trifft man sich
zum Schwätzchen und
tauscht das Neueste vom
Tage aus, während das
kostbare Nass in die Eimer
und Kanister strömt.

Das massive Bab ech-Chorfa ist einer der Eingänge zur Kasbah (Burg) an-Nouar in Fès. Davor finden regelmäßig Flohmärkte statt.

Unweigerlich endet jeder Spaziergang durch den Souk von Fès in einem Teppichladen, in dem Dutzende von Knüpf- und Webteppichen vor den potentiellen Kunden ausgebreitet und angepriesen werden. Die Qualität der Teppiche verhält sich meist umgekehrt proportional zur Aufdringlichkeit der Verkäufer.

Links:

Die Mellahs waren die traditionellen Wohngebiete der Juden; ihre Häuser waren offener und besaßen auch zur Straße hin Fenster und Veranden, hier in Fès mit maurisch-andalusischem Schnitzwerk verziert.

Unten:

Die Musiker der Gnaoua sind berühmt für ihre geradezu besessene Musik, die sich mit Gewalt in die Köpfe der Spieler und Zuhörer schleicht und die Gedanken in weite Ferne trägt.

Links:

Der Souk in der Altstadt von Fès ist so verwinkelt und so groß, dass es ein Leichtes ist, sich darin zu verlaufen. Gewürze, Trockenfrüchte, Parfums verströmen ihre lockenden Düfte, Menschen drängen hier- und dorthin – doch irgendwann gerät man wieder an ein Stadttor und aus Fès el-Bali heraus.

Oben:

Das Palais Jamaï entstand 1879 als Lustschloss maurischer Adliger mit einem herrlichen Garten. Heute ist es ein Hotel und gehört zu den »Leading Hotels of the World« – einem Zusammenschluss nur allerbester Adressen. Die Inneneinrichtung der Zimmer und Suiten spricht für sich.

ARABESKEN, MUQQARNAS

Ins Unendliche vervielfacht schlängeln und wuchern Ranken und stilisierte Blüten aus feinstem Gipsgespinst über die Mauern des Innenhofes der Medersa et-Attarine, der islamisch-theologischen Hochschule in Fès. Bänder mit Kalligraphien fügen sich so harmonisch ein, dass sie erst bei genauerem Hinsehen als Schriftzüge zu erkennen sind. Unterhalb dieser Stuckaturen sind die Mauern mit leuchtend farbigen Mosaiken aus Keramik verkleidet, aus Dreiecken und Quadraten, die sich zu Sternen und wieder neuen Kalligraphien fügen. Den Abschluss dieses Kunstwerks bildet dunkles Zedernholz an der Fassade der ersten Etage, wo sich die Schlafkammern der Studenten befinden. Zu vielzackigen Sternen, geometrischen und floralen Motiven geschnitzt, umhüllt es die Fensternischen und Arkaden und bildet dunk-

le, bizarre Tropfsteinhimmel (muqqarna) in überkuppelten Ecken. Kunsthistoriker bezeichnen den Antrieb, keinen Quadratmillimeter eines Raumes ungeschmückt zu lassen, als Horror Vacui, die Angst vor der Leere. Doch im islamischen Kulturkreis und besonders in der Epoche der Meriniden, denen die schönsten und üppigsten Medresen (islamisch-theologische Hochschulen) zuzuschreiben sind, war dieser Stil nicht von »Angst« geprägt, sondern von dem Bedürfnis, in der Unendlichkeit der Wiederholung Allah nahe zu kommen. Der Schmuck, den wir heute bewundern, diente gewissermaßen als Hilfsmittel zum Gebet.

Links:
Eine reiche Auswahl an kunstvoll und filigran bemalten Töpferwaren bietet der Markt in Casablanca.

Unten:
Marokko ist ein Eldorado für die Liebhaber traditionellen Kunsthandwerkes, insbesondere der Metallbearbeitung, wie hier in einer Werkstätte in Tanger.

Rechts:
Kunstvolle Bilderrahmen werden direkt vor den Augen des potentiellen Käufers in Fès geschnitzt.

KERAMIK, LEDERWAREN, TEPPICHE UND SCHMUCK

Das Prinzip des ornamentalen Schmuckes und der Wiederholung eines Motives ist fundamental im marokkanischen Kunsthandwerk und prägt auch jene Produkte, die Reisende als Souvenirs mit nach Hause nehmen: Keramik, Lederwaren, Teppiche, Messingarbeiten und Schmuck. Jede Region hat ihre Spezialitäten, die beste und größte Auswahl an schön gearbeitetem Kunsthandwerk findet sich aber meist in den großen Souks, in Fès, Marrakesch oder Meknès. Hier lassen sich Qualität und Preise besser vergleichen als in den Herstellungsregionen, die nur ihr eigenes Produkt offerieren. Keramik beispielsweise hat in Marokko mehrere Väter: Die klassischen Vasen, Dekorteller, Becher und Krüge mit Muster in Blau und Blaugrün stammen aus Fès, wo am Stadtrand Töpfer ihre Produkte in einfachen Öfen brennen. Eine andere, in Marokko sehr beliebte Keramik wird in Safi hergestellt: Sie ist in grünen Tönen gehalten und wird mit einem metallisch-glänzenden Lack lasiert, der stark bleihaltig ist. Ebenfalls grün aber von fast archaischer Form und Machart sind Töpferwaren aus Tamegroute im Drâa-Tal.

Bei Messingarbeiten gilt Fès als die beste Adresse, denn hier hatte König Hassan II jene Meister gefunden, die seine güldenen Palasttore am Dar el-Makhzen mit feinen, fast netzartigen Gravuren versehen haben, die ineinandergreifende Sterne bilden. In Geschäften wie dem »L'Art du Bronze« an der Talaa Seghira sitzen Künstler an ihren Arbeitstischen und hämmern Millimeter für Millimeter ihre grafischen Dekors in die schimmernden Platten. Fès ist auch Marokkos Hauptstadt der Lederverarbeitung; die Gerbereien bilden einen wichtigen, wenngleich unangenehm riechenden Besichtigungspunkt. Weich wie Samt werden die Tierhäute, und aus diesem wunderbaren

Material entstehen Taschen, Sitzkissen und Babuschen – bequeme Pantoffel, die geschickte Finger mit bunten Mustern besticken.

Teppiche werden abgesehen von den in Rabat hergestellten Knüpfteppichen in Marokko zumeist gewebt. Die Kelims mit ihren grafischen, gelegentlich durch stilisierte Tier- und Pflanzensymbole aufgelockerten Mustern, stammen aus den Berberregionen. Richtig »antike« Kelims werden in den Teppichhäusern angepriesen, sind es meist aber nicht. Qualität und Alter zu beurteilen ist für Laien außerordentlich schwer; man sollte sich deshalb an die staatlichen Kunsthandwerksgeschäfte mit festgesetzten Preisen halten oder sich von einem Kenner beraten lassen. Ähnlich verhält es sich mit »antikem« Silberschmuck. Alte Fibeln, mit denen die Frauen ihr Obergewand feststeckten, Arm- und Fußreifen sind sehr teuer; »alt« gemachte Stücke von echten kaum zu unterscheiden. In Tiznit südlich von Agadir stellen geschickte Silberschmiede schöne Schmuckstücke und Waffen her; sie sind zwar neu, dafür aber auch erschwinglich.

Zu guter Letzt halten die marokkanischen Souks noch ganz andere und originelle Souvenirs bereit: Rosenwasser beispielsweise, mit dem Gebäck parfümiert wird und das sich hervorragend als duftender Badezusatz eignet. Gewürzmischungen, Ras el-Hanout genannt, in die der »epiceur« sein ganzes Know-how legt und die jeder Speise einen besonderen Gout verleihen. Oder Hennapulver zum Färben von Haaren oder Aufmalen von Tatoos.

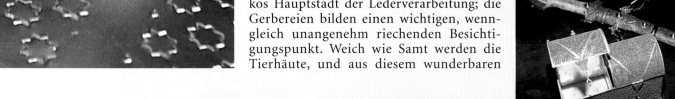

Unten:
Hinter dem Bab Boujeloud, das erst im 19. Jahrhundert errichtet wurde, beginnt die Altstadt Fès el-Bali mit einem Wirr-warr schmaler Gässchen und Durchgänge, mit Medresen und Moscheen, vor allem aber mit dem buntesten und schönsten Souk Marokkos.

Rechts oben:
Die Medersa Bou Inania in Fès el Bali gehört zu den bedeutendsten Medresen (theologische

Hochschule) der Stadt. Sie ist gleichzeitig eine Moschee merinidischen Ursprungs und geht auf das Jahr 1350 zurück.

Rechts unten: *Nur beste Materialien durften beim Bau der Medersa Bou Inania in Fès el Bali verwendet* *werden: Fayencen, Onyx, Marmor, Zedernholz, Stuck höchster Qualität und fein gearbeitete Bronzeplatten.*

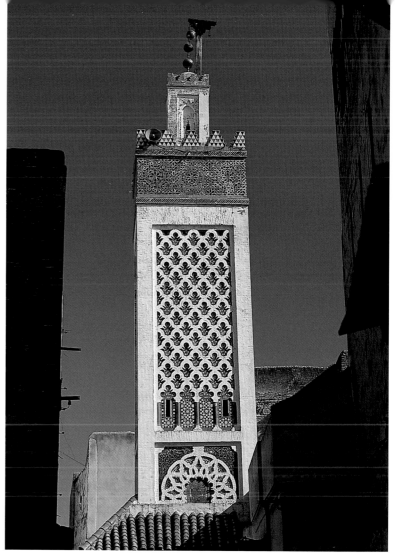

61

Linke Seite:
*Wer eine empfindliche
Nase hat, ist gut beraten,
einen der malerischsten
Orte von Fès zu meiden,
das Gerberviertel, in dem
heute noch wie zu alten
Zeiten die Häute bear-
beitet, haltbar gemacht
und gefärbt werden.*

*Die Arbeit an den Gerb-
und Farbtrögen ist
Knochenarbeit. Immer
wieder werden die Häute
umgeschichtet, umgerührt,
in den nächsten Trog ge-
hoben und ausgebreitet,
bis sie schließlich zum
Trocknen in die pralle
Sonne gelegt werden.*

*Die Gerbereien befinden
sich meist in Innenhöfen,
und im Sommer wird die
Arbeit in dem intensiven
Gestank und der stickigen,
von den Wänden aus
allen Richtungen reflek-
tierten Hitze zur Qual.*

63

Links:
Die Paläste in Fès sind
zahlreich, und viele
wurden zu Gästehäusern
oder Restaurants umge-
baut, in denen die Gäste
den Abend mit Speis,
Trank und musikalischer
Begleitung verbringen.
Eines davon ist das »La
Maison Bleu«.

Unten:
Der Diwan ist das uni-
verselle Sitzmöbel der
Marokkaner. Kleine
Nischen, große Säle,
einfache Zimmer und
prunkvolle Paläste sind
mit ihm ausgestattet.

Links:
»Al Fassia« in Fès ist
eine empfehlenswerte
Adresse, um mit gehobe-
ner Unterhaltung ein
hervorragendes Essen zu
genießen und die exqui-
site Inneneinrichtung
eines marokkanischen
Palastes zu bewundern.

Oben:
Die Place Nejjarine in
Fès el-Bali liegt inmitten
des Viertels, das traditio-
nell den Tischlern zu
eigen war. Besonders
beachtenswert ist der
Brunnen am Ende des
Platzes, überdacht mit
Zedernholz, das die
Fayencekacheln vor dem
Wetter schützt.

Rechts:
Das prachtvolle Haupttor des Königspalastes von Fès el-Jedid, das Dar el-Makhzen, steht den Normalsterblichen nicht offen. Wenn der König in Fès weilt, dann lässt er sich in diesem Palast nieder.

Unten links:
Das Abbildungsverbot von Mensch und Tier im Islam hat zu der feinen ornamentalen Kunst geführt, die sich überall in Zeichnungen, Schnitzereien oder Stuckarbeiten niederschlägt.

Unten rechts:
Die Zaouia (Grabstätte) von Idriss II in Fès ist das größte Heiligtum der Stadt und bewahrt die sterblichen Überreste des Stadtgründers. Das Grab von Moulay Idriss II wurde 1437 wiederentdeckt.

66

Oben:

Die Kairaouine-Moschee im gleichnamigen Viertel von Fès el-Bali stammt aus dem Jahr 857 und gehört zu den ältesten Bethäusern des Landes. Sie war gleichzeitig Hochschule und beherbergte in den sie umgebenden Medresen die für die damalige Zeit ungeheuerliche Anzahl von bis zu 8000 Studenten.

Links:

Am Museum Dar Batha in Fès el-Bali ist diese herrliche Holzarbeit zu sehen, die streng geometrische Linien mit den fast floralen Mustern der arabischen Schrift aufs Schönste zusammenführt.

Die Decken des ehemaligen Getreidespeichers Heri es-Souani in der Königsstadt Meknès sind eingestürzt, doch bei einem Spaziergang zwischen den sich in der Ferne verlierenden Stützpfeilern ermisst man die gewaltige Größe des Bauwerkes.

Das Bab el-Khemis, ein Stuck außerhalb und südwestlich der Medina von Meknès, stammt aus dem 17. Jahrhundert. Seine grünen Fayencen erstrahlen, wenn das Licht der Sonne auf sie trifft.

Die Moschee und das Mausoleum von Moulay Ismail liegt zwischen dem Bab Moulay Ismail und dem Bab er-Rih am südlichen Rand der Medina Meknès. Ganz unüblich dürfen auch Nicht-Muslime den Vorraum der Moschee betreten, wenn sie sich ihrer Schuhe entledigt haben, und einen Blick in den Gebetssaal erhaschen.

Unten:
Rabat ist die Hauptstadt
des Landes und liegt am
Meer, an der Mündung des
Bou Regreg. Am gegenüber-

liegenden Ufer breitet sich
die eigenständige Stadt
Salé aus. Ein Fährdienst
mit kleinen Booten ver-
bindet die Schwestern.

Rechts oben:
Am Mausoleum von Mo-
hammed V und Hassan II
steht eine ständige Wache
der Königlichen Garde

und beäugt misstrauisch
die Besucher. Unziemliches
Benehmen wird sofort
geahndet.

Rechts Mitte:
Die Medina von Rabat
hat eine reiche und span-
nende Geschichte, in der
sich die einzelnen Dynas-
tien Marokkos und Nord-

afrikas mit den Piraten in
der Herrschaft abwechsel-
en. Heute ist die Altstadt
verglichen mit denen von
Fès oder Marrakesch eher
gemächlich und ruhig.

Rechts unten:

*Hervorragend erhalten
sind die zinnenbewehrten
Mauern der Altstadt in
Rabat. Ihre meist kleinen
und leicht zu verteidigen-*

*den Zugänge zeugen von
der kriegerischen Vergan-
genheit und dem Wunsch,
die Stadt aufs Effektivste
zu schützen.*

Oben:
Agadir liegt an der atlantischen Küste Marokkos. Hoch über der im Jahr 1960 bei einem Erdbeben fast vollständig zerstörten und in den Folgejahren neu errichteten Stadt thronen noch die Reste einer Festung.

Rechts:
»Corso« auf marokkanisch: Die Strandpromenade von Agadir lädt nach dem Badetag zu einem Bummel, bei dem man sieht und gesehen wird. Danach geht es in eines der zahlreichen Restaurants oder ins Hotel zurück.

Links:
Mit dem Erdbeben von 1960 nahm man in Agadir die Chance wahr und plante die Stadt neu. Das Ergebnis ist eine üppig begrünte Zone entlang der gestreckten sichelför-migen Bucht. Das eigent-liche Stadtzentrum liegt ein Stück landeinwärts.

Unten links:
Auch Marokkaner kom-men in der Mittagspause, an den Wochenenden und in den Schulferien an den Strand von Agadir.

Unten rechts:
Agadirs alte Medina wurde beim Erdbeben zerstört; Künstler und Souvenirhändler haben eine neue »Medina« fünf Kilometer abseits des Zentrums gegründet. Dort bieten Kunsthand-werker ihre Werke feil.

75

Unten:
Die Farben in Essaouira sind von einer klaren Intensität. Vielleicht kommen deshalb so viele Filmteams in die Stadt, um hier zu drehen. Häufig nehmen Modefotografen die Hafenanlagen als Hintergrund für die Vorstellung der neuesten Kleiderkollektion.

Rechts oben:
Die Festungsanlagen von Essaouira wurden nach portugiesischem Vorbild von einem Franzosen für einen marokkanischen Sultan entworfen. Heute arbeiten in den Kase-matten Tischler, denn die Stadt ist berühmt für ihre Einlegearbeiten. Über ihnen wachen immer noch die Kanonen aus Eisen und Bronze, die älteste stammt aus dem Jahr 1595.

Rechts Mitte:
Der Fischereihafen von Essaouira bietet nicht nur etwas fürs Auge, sondern auch für den Bauch. An kleinen Ständen wird

der Fang des Tages nach Wunsch auf dem Holz-kohlengrill zubereitet und an langen Bänken und Tischen direkt verspeist.

Rechts unten:

Essaouira war einst ein bedeutender Handelsplatz und über seinen Hafen liefen 40 Prozent der Aus-fuhren, die über die Kara-wanenstraßen aus dem Inneren der Sahara hier-her ans Meer gelangten.

Marrakesch ist die heimliche Hauptstadt Marokkos, in der es meist recht turbulent zugeht. Doch noch immer findet man in den engen Gassen des Souk verschwiegene Orte. Kaum hat sich das Auge an das kühle Halbdunkel der Durchgänge gewöhnt, glitzert grell ein praller Sonnenschein auf dem Boden und kündet von der Hitze des Tages hier im Süden.

Allein die französische Bezeichnung »Le grand sud«, der große Süden, weckt Bilder von Palmenoasen und Märchenstädten, von geheimnisvollen Lehmburgen voll verzauberter Bewohner, von Sanddünen, über die lockende Fata Morganas tanzen, und einer Himmelskuppel, tausendfach übersät mit Sternschnuppen. Dies alles ist Marokkos »grand sud« tatsächlich: Ausgehend von der Gaukler- und Händlerstadt Marrakesch am Fuß der bis zu knapp 3000 Meter hohen Gipfel des Hohen Atlas eröffnet sich eine Welt voller eigentümlicher, teils bizarrer, teils lieblicher Bilder: Die der Kasbahs und Ksour entlang der Flussoasen von Dadès und Drâa, genannt »Straße der tausend Kasbahs«, und die silbrig glitzernden Pappeln und hellgrün sprießende Minze an den Wildwassern des Todra oder Ziz. Bergstraßen klettern über Atlas-Pässe zu einsamen Marabouts und Moscheen oder mäandern durch Granitlabyrinthe in die Täler der Ammeln, die im Frühjahr ein Schleier weißer Mandelblüten verhüllt. Hohe, wehrhafte Mauern schützen Städte wie Tiznit, wo Silberschmiede ihre Kunst ausüben, und Taroudannt mit seinem Berbermarkt. Unbestrittene Königin aber ist Marrakesch, die »Rote«, mit ihrem Jahrmarkt der Gaukler, Märchenerzähler, Schlangenbeschwörer, Schreiber und mobiler Dentisten, die den Platz Djemaa el-Fna jeden Abend in ein Tollhaus verwandeln.

»Le grand sud«, dies ist auch die Wüste: im Westen eben, von Kiesflächen geprägt, Nomadenland, um dessen Bodenschätze seit Jahrzehnten ein Guerillakrieg geführt wird, der kein Ende findet, denn die Westsahara ist Prestigesache für das marokkanische Königshaus. Im Osten dagegen, wo die regierende Dynastie in Tafilalet ihren Anfang nahm, ist die Wüste ein Traum: Wie ein im Sturm erstarrtes, goldgelbes Meer verliert sie sich am Horizont.

Seite 80/81:
Die Place Djemaa el-Fna in Marrakesch – der Gauklerplatz – befindet sich am südlichen Rand der Medina. Hier geben sich ab den späten Nachmittagsstunden und bis spät in die Nacht Zauberer und Wahrsager, Schlangenbeschwörer und Artisten, Schreiber und Zahnärzte ein Stelldichein.

Besonders im jüdischen Viertel des Souks von Marrakesch liegt die ganze Pracht an Gewürzen und Farbstoffen, an Blüten und Tees, an Oliven und weiteren Spezereien in den Auslagen und wartet auf Käufer. Nur wenige Reisende werden sich den Reichtum der Delikatessen und Düfte in Tüten packen lassen, aber die Bewohner der Stadt kommen zahlreich, drängen sich in den Gassen, handeln, begutachten, lehnen ab und verweilen doch – bis schließlich ein für alle genehmer Preis gefunden wurde und das Geschäft abgeschlossen wird.

In den verwirrenden engen Gässchen des Souks von Marrakesch findet man die ausgefallensten Gewürze, Trockenfrüchte und Blüten in dem »Souk des fruits secs et des épices«. Daneben gibt es einen ehemaligen Souk der Korbmacher, in dem man heute hauptsächlich Kleidung erhandeln kann, einen Souk der Binsenflechter und Stoffhändler, einen Souk für Felle, Häute, Gemüse, Geflügel, Teppiche, Kupferwaren … Auch Geheimrezepte, Tinkturen und Zaubertränke kann man in diesem orientalischen Irrgarten erstehen.

Unten:

Die Minarette der Moscheen sind in Marokko meist rechteckig und an den Seiten mit Steinmetz- und Stuckarbeiten geschmückt. Viele, wie hier das Minarett von Moulay Lyazid, tragen ein abschließendes Schmuckband aus Majolikakacheln. Die drei Kugeln sollen die Einheit Gottes symbolisieren; am Gestänge daneben wird zur Gebetszeit eine Fahne aufgezogen.

Rechts:

Ein wahres Feuerwerk der marokkanischen Kunstfertigkeit schmückt die Saadier-Gräber. Ursprünglich befand sich hier der »riad« (Garten) der Kasbah-Moschee, und 1351 wurde der erste Emir hier beigesetzt. Ihm folgten weitere und schließlich wurde mit der Beerdigung des Saadiers Mohammed ech-Cheikh die Ära der königlichen Nekropole eingeläutet.

Oben rechts:

Das Bab Agnaou geht auf die Almohaden des 12. Jahrhunderts zurück und gilt als das vielleicht schönste Stadttor von Marrakesch. Ursprünglich besaß es zwei flankierende Türme, doch wurden diese irgendwann verbaut und so erhielt das Tor auch seinen Berber-Namen: Er bedeutet »Bock ohne Hörner«.

Rechts:

In Marrakesch sind auch in den Restaurants die herrlichen Handwerksarbeiten sowie die vorzügliche ornamentale Kachelkunst zu sehen. Meist werden alte Paläste zur Finanzierung des teuren Unterhalts in Hotels und Restaurants umgewandelt.

Rechts:

Marrakesch, hier seine imposante Stadtmauer, liegt nur wenige Dutzend Kilometer von den höchsten Gipfeln des Hohen Atlas entfernt. Wenn es im Tal schon richtig heiß geworden ist, liegt auf den Bergen noch der Schnee und lockt mit Kühlung und herrlichen Ausflügen in die felsige Welt.

Unten:

Der Mittlere Atlas ist das Bindeglied zwischen dem Hohen Atlas und dem Küstengebirge des Rif. Er ist 350 Kilometer lang und wird durchschnittlich 1300 Meter hoch, hat aber an seinem östlichen Ende auch Gipfel mit weit über 3000 Meter Höhe.

Oben:
Der Hohe Atlas ist der König der marokkanischen Gebirge und besitzt mit dem Djebel Toubkal (4165 Meter) auch den höchsten Gipfel. Der Gebirgsrücken ist fast 800 Kilometer lang und erreicht eine durchschnittliche Höhe von immerhin 2000 Meter.

Links:
Friedlich liegen die Menara-Gärten von Marrakesch vor der Gebirgskulisse. Die Marrakchis kommen am späten Nachmittag hierher, um in der kühlen Luft am Wasserbecken lustzuwandeln und sich nach der Anstrengung des Tages zu erholen. Der Pavillon entstand 1869 und gilt als Liebesnest des Sultans Sidi Mohammed.

Die Ouzoud-Wasserfälle
sind 100 Meter hoch und
damit die höchsten im
Land. Der schmale Tal-
kessel bildet eine wild-
romantische Kulisse für
die herabströmenden
Wassermassen, die vor
allem im Frühjahr ein
beeindruckendes Schau-
spiel bieten.

Rechts:
Die Zedern des Atlas sind
majestätische Bäume,
doch findet man sie nur
noch selten, da viele der
Giganten für die Bau-
werke und Paläste in den
Königsstädten abgeholzt
wurden. Zedernholz war
nicht nur stabiles Bauholz,
es wurde und wird
besonders für die mannig-
faltigen Schnitzarbeiten
und Intarsien der Tischler
verwendet.

Oben rechts:
Die Passstraße von Marra-
kesch nach Ouarzazate
führt über den Tizi
n'Tichka und erklimmt
2260 Meter Höhe auf
engen Serpentinen und
an schroffen Abhängen
vorbei. Dörfer kleben wie
Adlernester im Gestein,
auf winzigen Feldern
bauen die Berber Getreide
und Gemüse an.

Rechts:
Das Ammeln-Tal im Anti-
Atlas ist ein bizarrer
Irrgarten fantastischer
Granitformationen:
Abgesprengt von Wind
und Wetter und zu runden
Formen erodiert stehen
sie wie Rieseneier neben
den Dörfern, liegen
unverrückbar in Gärten
und auf Feldern.

»AGADIR« UND »KSOUR«

Sie selbst nennen sich »imazighen«, die Freien; andere Völker gaben ihnen Namen wie »barbaroi«, die Stammler, oder »numidi«, die Nomaden. Seit Beginn der Geschichtsschreibung tauchen Nordafrikas Ureinwohner unter den verschiedensten Bezeichnungen in griechischen, römischen und arabischen Quellen auf, bis sich Berber als Sammelbegriff für die Völker durchsetzt, die vor Ankunft der Araber nördlich der Sahara lebten. Mit der arabischen Eroberung ab dem 7. Jahrhundert, besonders aber mit dem Eindringen arabischer Hirtenstämme ab dem 10. Jahrhundert wurden die Berber stetig arabisiert. Sie vermischten sich mit den Neuankömmlingen, übernahmen deren Sprache und Religion, den Islam, und viele verloren ihre eigenen kulturellen Wurzeln. Marokko wurde von dieser Entwicklung am schwächsten betroffen. So kommt es, dass in Marokko mindestens ein Drittel, wenn nicht sogar knapp die Hälfte der Bevölkerung berberischen Ursprungs ist, während man im heutigen Tunesien nur einen Berberanteil von 3 Prozent verzeichnet.

Drei Untergruppen teilen sich die drei mächtigen Gebirgszüge des Landes: Die Kabylen leben im Rif-Gebirge im Norden, die Beraber in Teilen des Mittleren Atlas und die Schleuh im Mittleren, Hohen und Anti-Atlas. Die meisten sind sesshafte Ackerbauern; nur im Mittleren und Hohen Atlas ziehen die Männer mit den Viehherden im Sommer auf hoch gelegene Weiden und kommen in den Wintermonaten in die Dörfer (douar) oder Zeltlager zurück. Frauen, Kinder und die älteren Mitglieder der Großfamilien bearbeiten währenddessen die Felder, die in den zumeist kargen Gebirgsregionen wie Flickenteppiche entlang der Bachläufe angelegt sind. Bei den Ammeln im gleichnamigen Tal des Anti-Atlas ist aus der alten Weidewirtschaft ein modernes Arbeitsmigrantentum geworden: Hier gehen die Männer als geschickte Händler in die Großstädte oder nach Frankreich. Sie kommen nur noch für einen kurzen Urlaubsaufenthalt zurück und stecken das verdiente Geld in moderne Villen und überdimensionale Satellitenschüsseln, die sich in der ländlich-archaischen Umgebung des Tales recht eigentümlich ausmachen.

Eine andere, traditionelle Form der Architektur hat die Berber berühmt gemacht und bildet eine der größten Attraktionen Südmarokkos: die der »agadir« und »ksour«. Siedlungen festungsartig zu sichern war zumindest bei jenen Berbergruppen wichtig, die in den großen Flusstälern des Dadès und Drâa lebten. Hier verliefen wichtige Karawanenstraßen und zugleich auch Wege, auf denen Eroberer von Süd nach Nord und von Ost nach West vordrangen. Die traditionelle, berberische Siedlungsform war der »tighremt«, ein aus Stampflehm erbautes, mehrstöckiges Haus mit Flachdach, dessen vier Ecken durch schmale, zinnenbewehrte Türme gesichert sind. Weitläufig miteinander verwandte Großfamilien errichteten ihre »tighremt« nebeneinander und bildeten so ein »douar«, ein Dorf, oder ein durch eine Umfassungsmauer geschütztes »ksar« (Plur. ksour). Häufig wurde auch eine Festung erbaut, in der die Menschen bei Angriffen Schutz fanden – die »kasbah«. Die Ksour entlang der Flusstäler von Todra, Ziz, Dadès und Drâa sind allerdings nicht alle Berberburgen; auch arabische Volksgruppen haben hier in ähnlicher Form gesiedelt, und viele der Kasbahs gehen auf die Regierungszeit des »Pascha von Marrakesch«, Thami el-Glaoui, zurück.

GEGEN DEN BÖSEN BLICK

In ärmeren Regionen waren ausgeklügelte Vorsichtsmaßnahmen nicht nötig; die Menschen im Hohen und Anti-Atlas hatten gerade das Nötigste zum Leben, und diese Vorräte bewahrten sie in Getreidespeichern (agadir) auf. Jeder Familie einer Dorfgemeinschaft gehörte eine Abteilung des Sammelspeichers. Dieser war wiederum wie eine Burg erbaut, mit einem stabilen Tor gesichert und wurde bewacht. Die Dörfer selbst sind völlig schmucklos: flache, aus Bruch-

Links:
Das an sich nicht besonders haltbare Material Lehm konnte Jahrhunderte überdauern, wenn man es brannte.

Oben und rechts:
Viele Bauwerke im südlichen Marokko werden traditionell aus Lehmziegeln errichtet, wie hier in Telouet. Auch noch in ihrem Verfall hat die Lehmarchitektur ihren ganz eigenen Reiz.

steinen errichtete Häuser, deren einziges auffälliges Merkmal an den Dachkanten aufgestellte, dreieckige Steine oder Schieferplatten sind – Abwehrmittel gegen den bösen Blick.

Obwohl die Berber islamisiert sind, spielt der alte Naturglaube eine große Rolle. Geister können aus Quellen oder Bergschluchten hervorbrechen und die Menschen angreifen, Nachbarn mit dem bösen Blick einen Zauber über das Vieh werfen. Um diese und andere Bedrohungen zu bannen, verwenden besonders die Frauen magische Zeichen wie die »Main de Fatima«, eine stilisierte Hand, deren fünf Finger einen starken Abwehrzauber, die Zahl »khamsa«, symbolisieren. Viele Frauen tätowieren sich magische Muster aufs Gesicht, bevorzugt um die Mundpartie: Eine Palme beschwört Fruchtbarkeit, ein Dreieck wiederum bannt Böses. All diese Symbole finden sich auch im massiven Silberschmuck der Berber und in den Ornamenten auf ihren Teppichen, Webdecken und an den Mauern der Lehmburgen wieder.

Rechts oben:
Nicht nur aus Verteidigungsgründen wurden Öffnungen wie Fenster und Türen klein gehalten: So wurde die Hitze des Sommers und die Kälte des Winters ausgesperrt.

Rechts:
Die Dadès-Schlucht ist bekannt für die Lehmarchitektur ihrer Ksour und Kasbahs sowie ihre grandiose Gebirgslandschaft.

Linke Seite:

*Viele halten Aït Benhad-
dou für die schönste Kas-
bah des Landes, definitiv
ist sie die am leichtesten
erreichbare, nur wenige
Kilometer nördlich von
Ouarzazate. Ihr gegen-
über steht der moderne
Ortsteil mit seinen
Kaffees, von denen man
einen guten Blick über
das Lehmbauwerk hat.*

*Die Kasbah Taouirt in
Ouarzazate ist vorzüg-
lich er- und unterhalten.
Die Wohnanlage aus
Stampflehm ist in mehrere
Burgen unterteilt, eine
gehörte dem Klan der
Glaoua – einer Herrscher-
dynastie Südmarokkos.*

*Oasen in der Wüste: An
den Ufern des Dadès in
der gleichnamigen
Schlucht wird Getreide
angebaut, spenden
Bäume Schatten, gedeihen
Datteln und Kräuter.
Doch nur wenige Meter
abseits zu den Hängen
hin wird es zunehmend
trockener, schroffer und
unwirtlicher, bis sich die
Flanken der Berge schließlich steil und kahl in den
Himmel schwingen.*

Unten:
Nicht nur Essbares wächst in den Flusstälern, auch Rosen werden angebaut, aus denen die Duftstoffe gewonnen und zu Rosenwasser und Rosenöl

verarbeitet werden – eine mühsame und aufwändige Tätigkeit, denn die Menge des Öles steht in einem krassen Verhältnis zur Menge der gesammel-

ten Blüten. Kein Wunder, dass das Ergebnis sehr teuer ist. Die jährliche Ernte wird in El-Kelaa M'Gouna mit einem großen Fest gefeiert.

Rechts oben und unten:
Beim Rosenfest von El-Kelaa M'Gouna muss natürlich auch eine Königin gewählt werden. Unverschleiert stellen sich die Berberinnen zur

Wahl, doch nicht nur Schönheit wird bewertet, auch wieviel Augenmerk und Arbeit man auf sein Kostüm verwendet hat, spielt eine wesentliche Rolle.

Rechts Mitte:
Das Moussem de la Rose – das Rosenfestival von El-Kelaa M'Gouna wird mit Tänzen und einem Blumenkorso begangen.

Es ist Ehrensache, dass sich Mann in sein bestes traditionelles Kostüm wirft, um an der Festlichkeit teilzunehmen.

Seite 96/97:

In den Gorges du Dadès heben sich die Stampflehmburgen nur unwesentlich von der Landschaft ab. Besser kann man naturverträgliches Bauen nicht dokumentieren. Das Material des Bodens wird zu Ziegeln geformt und getürmt. So ist die Farbe des von Menschenhand Geschaffenem immer der Landschaft angepasst.

Die Gorges du Dadès und deren Parallelschluchten sind alle tief in den Hohen Atlas eingeschnitten, die hineinführenden Straßen schwingen sich kühn nach oben. Auch gibt es einige Pisten, die quer über die Bergbarrieren verlaufen und die Täler miteinander verbinden. Sie fordern dem Fahrer einiges an Nervenstärke ab.

Die Todraschlucht hat wie die Dadès-Schlucht einige Kasbahs zu bieten. Diese hier am Eingang zur Schlucht steht stolz über dem Tal und diente wohl auch zur Verteidigung des Einganges.

Im Tal des Dadès-Flusses – nicht zu verwechseln mit der Dadès-Schlucht, die wie die Todraschlucht in das breite Tal mündet – reiht sich Kasbah an Kasbah. Eine jede schimmert je nach verwendetem Lehm und Sonnenstand in einem anderen Braun-, Rot- oder Ockerton.

Idyllisch plätschert der Dadès nach seinem stürmischen Weg durchs Gebirge dem Ausgang der Dadès-Schlucht zu. Pappeln und kleine Felder säumen das Wasser, Oleanderblüten verströmen ihren feinen Duft.

Die Täler und Schluchten
des Südens können sich
zu schmalen Canyons
verengen, weiten sich

aber auch immer wieder
zu breiten Ebenen, die
eine einfachere Boden-
bewirtschaftung erlauben.

Links Mitte:

52 Tage sind es von Zagora
nach Tomboucto tief in
der Sahara – natürlich
mit dem Kamel und zu
früheren Zeiten. Künstler-
hand wird den Wegweiser

wohl schon häufig
erneuert und nachge-
zeichnet haben, damit
jeder Reisende auch
wirklich den rechten
Hintergrund für das
Erinnerungsfoto findet.

Links unten:
*Nach starken Regen-
fällen verschwinden die
Straßen in den Gebirgs-
schluchten unter den
herabströmenden Fluten.*

*Dann heißt es, seinen
eigenen Weg finden und
ohne Rücksicht auf Reifen
und Radaufhängung
über Stock und Stein und
durch Wasser zu kurven.*

Unten:
*Tinerhir liegt im Dadès-
Tal am Eingang zur Todra-
schlucht. Die Oase besteht
aus vielen kleineren
Dörfern, in denen insge-
samt 30 000 Menschen
leben. Wie urzeitliche*

*Riesen ragen hier und da
die Ruinen oder restau-
rierten Türme von Ksour
aus dem tiefen Grün der
bestellten Oasenfelder.
Viele der Lehmburgen sind
heute noch bewohnt.*

In den Oasen der Gebirgs-
schluchten, hier die Todraschlucht, wird Etagen-
wirtschaft betrieben: Auf
der untersten Ebene
werden Getreide, Kräuter
und Luzerne angebaut,
im mittelhohen Bereich
wachsen Granatäpfel und

Sträucher wie Tomaten
oder Paprika, und über-
dacht wird das Ganze von
Dattelpalmen, die den
nötigen Schatten liefern,
so dass die anderen
Gewächse nicht in der
erbarmungslosen Sonne
vertrocknen.

Am schönsten ist es in den
Schluchten des Dadès-
Tales im Frühjahr, wenn
der Schnee oben an den
Gipfeln schmilzt und die
Wasser der Bäche und
Flüsse breit und doch

anmutig in ihren Betten
mäandern. Noch ist es
dann nicht zu heiß zum
Wandern, und auch
Kanuten und Kajak-
fahrer kommen voll auf
ihre Kosten.

Die Todraschlucht nimmt
einen fast klammartigen
Charakter an, wenn die
Felswände immer näher
aneinander rücken.

Im Gegensatz zu den
ärmlichen Gebirgsdörfern
im Hohen Atlas waren
die Oasensiedlungen wie
hier in der Todraschlucht
wohlhabend und daher

immer wieder Ziel von
Plünderern. Mit dem Bau
von Kasbahs versuchten
sich die Menschen vor
diesen Angriffen zu
schützen.

Unten:

Taroudannt am Fuße der Südflanke des Hohen Atlas besitzt wie so viele Städte in Marokko eine wehrhafte, mit Zinnen gekrönte Mauer aus Lehm. Das Boll-

werk ist 8 Kilometer lang und 8 bis 14 Meter hoch. Eine Besichtigung ist am schönsten in den Abendstunden, wenn der Lehm rot glüht.

Rechts oben:

Bei einer Fahrt durch den Hohen Atlas wird man in den Dörfern immer wieder auf die lokalen Märkte stoßen, wo alles für das tägliche Leben

feilgeboten wird, hier in Tahanaout. Wildes und lautes Feilschen gehört zum guten Ton. Ist man sich einig, freut man sich gemeinsam und scheidet als Freunde.

Rechts Mitte:

Mit Kleinvieh zu handeln, ist eine der wichtigsten Funktionen der Märkte im Gebirge. Auf der einen Seite erlaubt der Verkauf

dem Züchter den Erwerb
von Getreide, die Feld-
bauern wiederum kön-
nen ihre Mahlzeiten mit
Fleisch aufbessern.

Rechts unten:
Prall gefüllte Säcke
werden nach Hause
transportiert. Für eine
große Familie mag das
Getreide vielleicht nur
einige Wochen reichen.

Dann muss sich das
Familienoberhaupt
erneut auf den oft
Stunden oder gar Tage
dauernden Weg zum
nächsten Wochenmarkt
machen.

Rechts:
Am Col du Kerdouz wacht ein Hotel in atemberaubender Lage. Des Abends füllt es sich mit Gästen, denen die Weiterfahrt auf den engen und kurvenreichen Straßen entweder hinunter zum Meer oder in die andere Richtung nach Tafraoute in der Dunkelheit zu gefährlich oder zu anstrengend ist.

Unten links:
Der Esel ist für die Gebirgsbewohner immer noch ein wichtiges Transportmittel, der hier die Familie trägt.

Unten rechts:
Verkäufer am Straßenrand bieten lebenden Proviant an, aber auch Kunsthandwerk, Olivenöl, Honig oder irgend etwas anderes aus eigener Produktion.

Oben:
Im Frühjahr wird auch die kargste Krume zum leuchtenden Beet und die Blumen sprießen zwischen dem Braun des Gesteins. Dann ist die schönste Zeit für eine Reise durchs südliche Marokko und den Hohen Atlas.

Links:
Tizi n'Test, neben Tizi n'Tichka der zweite Hochgebirgspass, der von Marrakesch über den Hohen Atlas nach Süden führt, lässt sich in puncto karger Erhabenheit und gefährlicher Natur von seinem Konkurrenten im Osten nicht deklassieren.

Unten:
Tin Mal an der Tizi n'Test-Passstrasse ist eines der wichtigsten Heiligtümer Marokkos und wurde mit deutschen Entwicklungshilfegeldern weitgehend restauriert. Die Moschee wurde von den Almohaden im 12. Jahrhundert errichtet und zeigt einige recht eigenwillige Architekturmerkmale, wie zum Beispiel einen unüblichen quadratischen Grundriss. Das Minarett befindet sich direkt über der Mirhab-Nische und nicht wie sonst ihr gegenüber.

Rechts Unten:
Der Waschplatz ist der Ort, wo die Damen des Dorfes sich austauschen und die letzten Neuigkeiten weitertragen. Damit hat dieses Treffen eine wichtige soziale Funktion, denn Zeitungen werden in die abgelegenen Regionen nicht geliefert, und: Wer besitzt schon ein Radio?

Rechts:
Auch im Anti-Atlas stehen viele Kasbahs, die noch kaum bekannt sind, denn nur wenige Reisende verirren sich in die Gebirgswelt an seinen Ostflanken.

Seite 110/111:
Der Erg Chebbi ist Marokkos Sandkasten, der sich hier bei den Tafilalet-Oasen von seiner sanften, dekorativen Seite zeigt. Sahara für den Hausgebrauch, nicht das wilde, ungezähmte, sandige Tier, das sie für den Menschen ohne Wasser oder im Sandsturm werden kann.

Oben:
Der Anti-Atlas stammt erdgeschichtlich aus einer anderen Zeit als seine Namensvettern und ist die südwestlichste Barriere zur Sahara. Er ist wesentlich älter, und seine Hauptgesteine sind Granit und Schiefer. Teils bildet der Anti-Atlas ein Hochplateau, teils ist er wild zerklüftet mit Gipfeln bis zu 3300 Metern.

Allah schuf die Wüste, um einen Ort zu haben, an dem er ungestört wandeln könne – so eine der vielen Erklärungen der Sahara-Völker für das Phänomen Wüste. Noch vor zehntausend Jahren waren die Fels- und Geröllfelder, die Salzseen und Dünengebiete mit Bäumen und hohem Gras bestanden; Nashörner und Elefanten, Antilopen, Löwen und Geparde zogen durch die Savanne; in den Flussläufen und Seen lebten Flusspferde und Krokodile. Dies erzählen jedenfalls die Felsbilder, in denen die Urbewohner der Sahara ihren Lebensraum verewigten und die inmitten der Einöde an Felswänden und in Höhlen entdeckt wurden.

Heute ist Leben in der Wüste nur in Oasen möglich, wo das Wasser aus Brunnen Fruchtbarkeit hervorzaubert. Die »Flecken im Fell des Leoparden« nannten die Römer die Oasen, grüne, üppige Tupfer im graugelben Einerlei, Rettungsinseln für Mensch und Tier, Versorgungsstationen an den Karawanenwegen von Schwarzafrika in den Norden. In Südmarokko gibt es in der Präsahara, also am Südrand des Hohen Atlas, eine andere Art von Oasen, nämlich lang gestreckte, an Strömen entlanglaufende. Die Flüsse entspringen in den Atlasgebirgen und verlieren sich weit hinein in die Wüste, wo sie schließlich an unüberwindlichen Dünenkämmen oder in Salzseen versickern. An ihren Ufern bewässern Bauern Felder mit Getreide, Gemüse, Obst und Futterklee für das Vieh; die Siedlungen, »kasbahs« und »ksour«, errichten sie etwas entfernt, um keinen Quadratmeter bestellbaren Bodens zu verschwenden. Die Arbeit in den Gärten beugt sich uralten Gesetzen, die Grundbesitzern wie Pächtern eine Reihe von Pflichten auferlegen und um die magische Zahl Fünf kreisen: Fünf Elemente tragen zur Ernte bei: Grund und Boden, Arbeitskraft, Saatgut, Arbeitsgerät und das Wasser – und entsprechend wird die Ernte gefünftelt: Hat der Pächter nur seine Arbeitskraft zum Ertrag beigesteuert, steht

Links oben:
Palmen sind sozusagen das Wahrzeichen der Oasen. Sie zeigen dem Wüstenreisenden schon von weitem an, dass er hier Erfrischung findet.

Oben:
Sandwüste (Erg) ist die Sahara nur zum geringen Teil, weitaus größere Regionen sind Fels- und Geröll- oder auch Gebirgswüste, hier bei M'Hamid.

Rechts oben:
Ohne Dromedare wäre es den Menschen früher unmöglich gewesen, die Einöde der Wüste zu durchstreifen.

ihm ein Fünftel der Ernte zu, gehörte ihm auch das Arbeitsgerät, sind es zwei Fünftel … Im Prinzip kann der Grundbesitzer seinen Khammès (von »khamsa«, Fünf) mit den schlechtesten Teilen der Ernte abspeisen, doch da das Verhältnis eine gewisse gegenseitige Verpflichtung beinhaltet, kommen solche Betrügereien selten vor. Der »patron« ist nicht nur Arbeitgeber, sondern auch bis zu einem gewissen Punkt Beschützer, und die Khammès verlassen sich darauf, dass er ihnen im Notfall zur Seite steht.

SYMBOLPFLANZE EINES PARADIESISCHEN ORTES

Symbolpflanze der Oasen ist die Dattelpalme. Ihre grüne Fächerkrone überragt alle anderen Bäume und zeigt Reisenden schon in großer Entfernung an, dass er bald einen paradiesischen Ort erreichen wird, in dem Wasser sprudelt, Bäume ihm Schatten werfen, Vögel zwitschern und köstliche Früchte reifen. Die Vorstellung des himmlischen Paradieses wurde sicherlich nach einer tagelangen Wüstenwanderung geboren, an deren Ende eine Oase die Sinne erfrischte. Über die Herkunft der Palme gibt es zahlreiche Spekulationen: Wie das Dromedar soll sie ursprünglich von der arabischen Halbinsel auf Karawanenwegen nach Nordafrika ge-

langt sein. Legenden bringen die Einführung dieser vielseitig verwendbaren Pflanze häufig mit heiligen Männern des Islam in Verbindung, die Dattelkerne mitgebracht und in den Oasen gepflanzt hätten.

Ohne Palmen würden die darunter in der »Drei-Etagen-Wirtschaft« wachsenden Bäume, Sträucher und Kräuter in der sengenden Wüstensonne nicht überleben. Sie beschatten die filigranen Ästchen des jungen Granatapfelbaums wie das Grün der Karotten, behüten aromatisch duftende Minze, dunkelgrüne Luzerne, die Farbkleckse des Roten Pfeffers und die heranreifenden Tomaten. Ein kompliziertes Netz von Wasserkanälen führt kühles Nass aus den Quellen nach einem alten, heute kaum noch nachvollziehbaren System von Wasserrechten auf diese und jene Parzellen. Der Wasserwächter schließt und öffnet die Schleusen und sorgt dafür, dass niemand übervorteilt wird.

Die Wüste besteht aus einer unendlichen Vielfalt von Landschaften, so monoton und zugleich faszinierend wie die Ornamente in Stuck und Majolika. »Hammada« heißt Steinwüste, eben zumeist und übersät von dunklen Brocken, »serir« die Kieswüste mit klein gemahlenem Kies bedeckt, »sebkha« eine Senke, in der Wasser versickert und nahezu sumpfige Flächen bilden kann, »chott« der Salzsee, in den Wintermonaten mit Salzschlamm gefüllt, der im Sommer zu einer trügerisch-festen Oberfläche erstarrt, »oued« der Trockenflusslauf, der sich urplötzlich in einen reißenden Strom verwandeln kann. Nur ein Fünftel der Sahara entspricht dem Sinnbild unserer Wüstensehnsucht: »erg«, das Sandmeer. Hier, das ist sicher, liegt Allahs Garten.

Rechts Mitte:
Die Dattel, hauptsächlich in Oasen des südlichen Marokkos angebaut, gehört zu den wichtigsten Nahrungsmitteln des arabischen Raums. Ihr Zucker- und Eiweißgehalt ist besonders hoch.

Rechts:
Wüste, wie man sie sich vorstellt, findet man in der Sandwüste Erg Chebbi, deren Dünen in den schönsten Rottönen erstrahlen.

114

Links:
Schon am Rande der Wüste zu leben, bedeutet einen dauernden Kampf gegen den allgegenwärtigen Sand. Das Zelt passt sich den Gegebenheiten an, ein festes Haus wird vom Sand umspült und, wird der Besitzer nicht immer wieder tätig, auch bald überspült.

Unten:
Sogar auf Dünen finden wüstenangepasste Pflanzen Halt und Nahrung. Weit müssen sie ihre Wurzeln in die Tiefe strecken, bis sie endlich, wenn schon nicht wasserführende Schichten, so doch wenigstens feuchte Sandlagen erreichen. Häufig werden Bäume aber auch vom Sand begraben, so dass nur noch die Krone aus der Düne ragt.

116

Links oben:
*Erfoud liegt inmitten
eines Tales, das äußerst
fruchtbar ist und in dem
sich Oase an Oase reiht,*

*Kasbah an Kasbah. Diese
Tafilalet-Oasen sind
Heimat der noch heute
regierenden Herrscher-
dynastie der Alaouiten.*

Links Mitte:
*Die Dattelpalme gehört
entgegen der landläufigen
Meinung nicht zu den
genügsamsten Pflanzen.
Zwar vermag sie hohen
Temperaturen zu wider-
stehen, aber ihr Wasser-*

konsum ist beträchtlich. Man muss nicht nur für einen Wasserzulauf sorgen, sondern auch für eine Entwässerung, denn sonst versalzen die Böden über die Jahre und die Palmen sterben.

Links unten:
Nach Sandstürmen sind immer wieder Räumfahrzeuge unterwegs, die das befreien müssen, was die Natur sich wieder zu holen versucht. Noch kann man ausweichen, doch ist erst einmal ein längerer Abschnitt versandet, kommen normale Personenwagen nicht mehr durch und müssen sich einen anderen Weg suchen.

Unten:
Erfoud ist eine Stadtgründung der ehemaligen französischen Kolonialherren und war lange Jahre Garnisonsstadt. Die ehemaligen Kasernen wurden von den Marokkanern übernommen. Da Erfoud ganz nahe dem Erg Chebbi liegt, wurden in den letzten Jahren zahlreiche Hotels erbaut. So teilen sich heute Soldaten und Reisende einträchtig die Straßen.

Auch in der kleinsten Hütte am abgelegensten Ort wird ein Gast mit einer kleinen Teezeremonie empfangen. Besonders auf dem Land erfolgt die Einladung zum Tee eigentlich immer ohne Hintergedanken.

Die Silberschmiede von Tiznit sind für ihr filigranes Werk im ganzen Land berühmt. Man sollte sich aber die Adresse für einen Kauf genau aus- gucken. Am besten sind die als Kooperative geführten Betriebe, die auch den Gewinn an ihre Mitglieder, sprich Hand- werker, ausschütten.

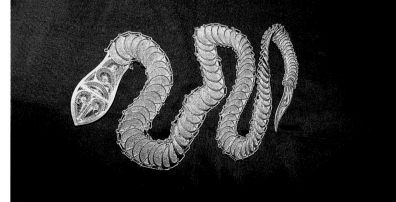

Der Tee ist grün, der Zucker kristallen und die Minze muss noch Reste von Ästchen besitzen, so dass sich durch das mehr- malige Umschütten und dem damit verbundenen Kontakt mit der Luft das wahre Aroma eines »Thé à la Menthe« entwickeln kann.

Gelötet, gefeilt und aus- gestochen wird Stunde um Stunde, bis schließ- lich eine silberne Schlange entsteht, die sich nicht weniger flexibel winden kann als ihr lebendiges Vorbild.

Schon früh müssen die Kinder bei der Hausarbeit helfen und wie hier in Ifni am Meer südlich von Agadir mit den Eseln Wasser holen, denn zu Hause gibt es keine Wasserleitung.

Ein heiliger Mann liegt in dem weiß gekalkten Marabout begraben und seine Anhängerschaft kommt in regelmäßigen Abständen und würdigt ihn, indem sie seine Grabstätte nicht verfallen lässt. Um den Marabout herum hat sich über die Jahrhunderte ein Friedhof entwickelt, sichtbar an den kleinen Steinplatten.

Seite 120/121:
In Guelmine, dem letzten größeren Ort vor Beginn der Sahara im tiefen Süden, finden noch richtige Kamelmärkte statt, so wie sie schon immer abgehalten wurden.

REGISTER

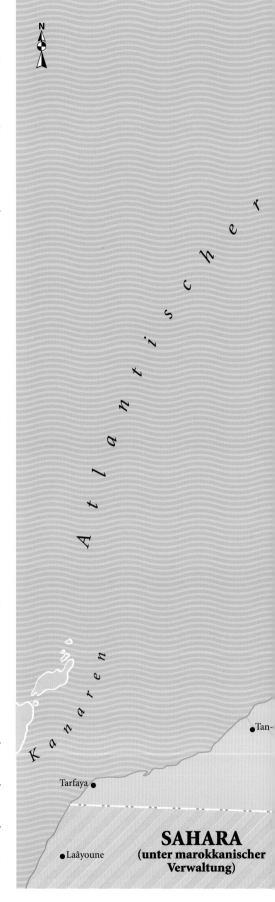

SAHARA
(unter marokkanischer Verwaltung)

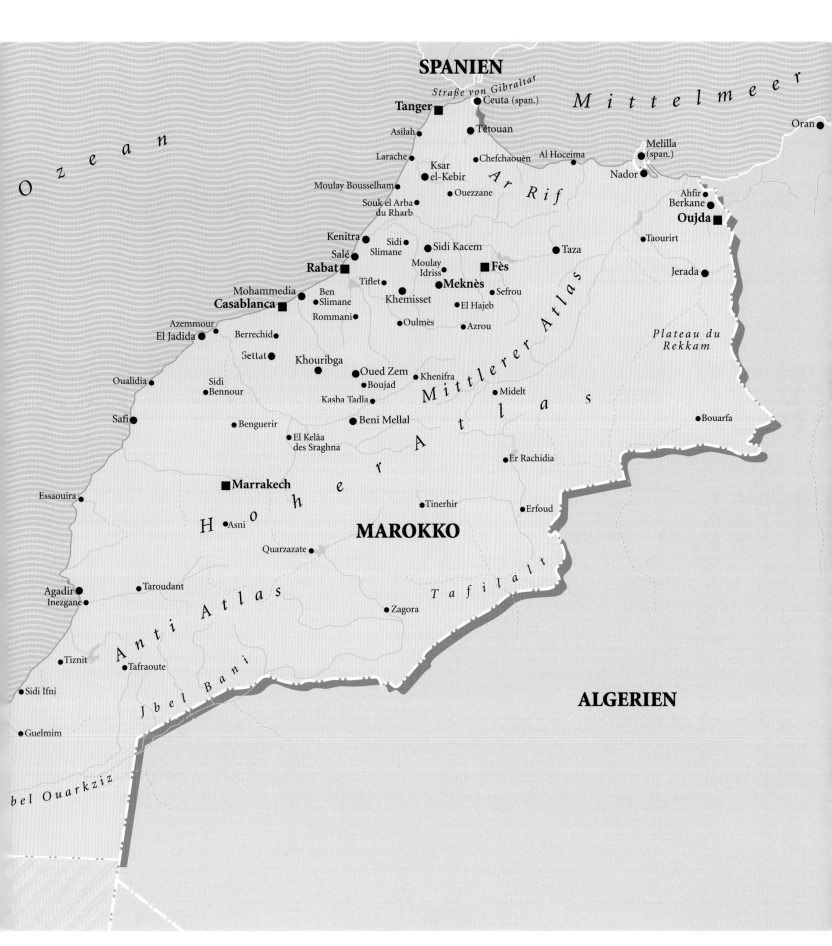

SPANIEN

Straße von Gibraltar

Mittelmeer

Tanger

Ceuta (span.)

Asilah

Tétouan

Oran

Larache

Chefchaouèn

Al Hoceima

Melilla
(span.)

Moulay Bousselham

Ksar
el-Kebir

Nador

Ar Rif

Ahfir

Berkane

Souk el Arba
du Rharb

Ouezzane

Oujda

Kenitra

Sidi
Slimane

Sidi Kacem

Taza

Taourirt

Salé

Moulay
Idriss

Fès

Jerada

Rabat

Tiflet

Meknès

Mohammedia

Ben
Slimane

Khemisset

Sefrou

Mittlerer Atlas

Casablanca

Rommani

El Hajeb

*Plateau du
Rekkam*

Azemmour

Oulmès

Azrou

El Jadida

Berrechid

Sidi
Bennour

Settat

Khouribga

Oued Zem

Khenifra

Oualidia

Boujad

Midelt

Kasha Tadla

Safi

Benguerir

Beni Mellal

Bouarfa

El Kelâa
des Sraghna

Er Rachidia

Marrakech

M i t t l e r e r   A t l a s

Essaouira

Tinerhir

Erfoud

H o h e r

Asni

MAROKKO

Quarzazate

T a f i l a l t

Agadir

Taroudant

Inezgane

Zagora

ALGERIEN

A n t i   A t l a s

Tiznit

Tafraoute

Sidi Ifni

J b e l   B a n i

Guelmim

b e l   O u a r k z i z

Wer als Führer und Fahrer arbeitet und in den Sanden der Sahara unterwegs ist, muss sich gut auskennen, muss zu unterscheiden wissen zwischen tragfähigem Untergrund und Weichsandfeldern, und weiß unter Staub versteckte Schlaglöcher zu meiden.

Impressum

Buchgestaltung
hoyerdesign grafik gmbh, Freiburg
Karte
Fischer Kartografie, Aichach

Alle Rechte vorbehalten

Printed in Germany
Repro: Artilitho, Lavis-Trento, Italien
Druck und Verarbeitung: Offizin Andersen Nexö, Leipzig
© 2007 Verlagshaus Würzburg GmbH & Co. KG
www.verlagshaus.com
© Fotos: Christian Heeb und Friedrich Köthe

ISBN 978-3-8003-1582-6

Fotografen
Christian Heeb zählt zu den erfolgreichsten Reisefotografen der Welt. Seine Bilder werden weltweit in großen Magazinen wie Outside, Animan und National Geographic Traveller publiziert. Christian Heeb ist Gesellschafter der renommierten Agentur Look in Deutschland. Mehr über Christian Heeb: www.heebphoto.com
Friedrich Köthe, Diplom Soziologe, arbeitet als freier Autor und Fotojournalist über die Länder des südlichen Afrika und des Maghreb und hat bereits zahlreiche Reiseführer veröffentlicht. Der Schwerpunkt seiner Arbeit liegt seit langem in Marokko.

Bildnachweis

Christian Heeb:
S. 5-13 (5 Abb.), S. 18-29 (9 Abb.), S. 31 oben, S. 32 (2 Abb.), S. 33 oben, S. 36/37 (3 Abb.), S. 38 unten, S. 38/39 Mitte, S. 39 oben (2 Abb.), S. 43 unten, S. 45 (2 Abb.), S. 50 oben, S. 51 unten, S. 52 oben, S. 54/55 (3 Abb.), S. 56 unten, S. 58, S. 58/59 Mitte, S. 59 oben (2 Abb.), S. 60/61 großes Bild, S. 63 unten, S. 64/65 (4 Abb.), S. 66 oben, S. 67 (2 Abb.), S. 69 (2 Abb.), S. 70/71 großes Bild, S. 71 Mitte und unten, S. 78-81 (2 Abb.), S. 82 (2 Abb.), S. 83 links Mitte, S. 84/85 (4 Abb.), S. 89 unten, S. 90 unten, S. 92-97 (8 Abb.), S. 98 oben, S. 99 (2 Abb.), S. 100/101 großes Bild, S. 102 rechts, S. 103 unten, S. 105 (3 Abb.), S. 110/111, S. 112 oben, S. 112/113 Mitte, S. 113 oben und unten, S. 114-117 (8 Abb.), S. 124, Schutzumschlag hinten.

Friedrich Köthe:
Schutzumschlag vorne, S. 14-17 (2 Abb.), S. 30, S. 31 unten, S. 33 unten, S. 34/35 (2 Abb.), S. 38 oben, S. 39 unten, S. 40/41, S. 42 (2 Abb.), S. 43 oben, S. 44 (2 Abb.), S. 46-49 (7 Abb.), S. 50 unten, S. 51 oben, S. 52 unten, S. 53 (2 Abb.), S. 56 oben, S. 57 (2 Abb.), S. 59 unten, S. 61 (2 Abb.), S. 62, S. 63 oben, S. 66 unten (2 Abb.), S. 68, S. 71 oben, S. 72-77 (11 Abb.), S. 83 (4 Abb.), S. 86-88 (6 Abb.), S. 89 oben, S. 90/91 (4 Abb.), S. 98 unten, S. 100 (3 Abb.), S. 102 links, S. 103 oben, S. 104/105 großes Bild, S. 106-109 (9 Abb.), S. 113 Mitte, S. 118-121 (7 Abb.).